O NEGOCIADOR

hsm

O NEGOCIADOR

ESTRATÉGIAS DE NEGOCIAÇÃO PARA SITUAÇÕES EXTREMAS

DIÓGENES LUCCA

ex-comandante do **GATE**
e um dos maiores
negociadores do Brasil

Prefácio e comentários
Marc Burbridge

Publisher: Renata Müller
Coordenação de produção: Alexandre Braga
Edição: A. P. Quartim de Moraes
Produção Editorial: Oliva Editorial
Diagramação: Carolina Palharini e Carlos Borges
Capa: Carolina Palharini

1º edição – 2ª impressão

Dados Internacionais de Catalogação na Publicação (CIP)
Angélica Ilacqua CRB-8/7057

Lucca, Diógenes
O negociador / Diógenes Lucca. - São Paulo : HSM do Brasil, 2014.

144 p.

ISBN: 978-85-67389-20-2

1. Negociação 2. Estratégia 3. Comunicação

14-0627 CDD 658.4052

Índices para catálogo sistemático:
1. Negociação

hsm

HSM do Brasil
Alameda Mamoré, 989 — 13º andar
Barueri-SP
06.454-040
Vendas Corporativas
(11) 4689-6494

A BEATRIZ ARNAUT DALLE LUCCA

QUERIDA FILHA, DEDICO ESTA OBRA A VOCÊ E A TODA GERAÇÃO DE JOVENS PROMISSORES QUE, COMO VOCÊ, PODEM AJUDAR A FAZER DESSE PAÍS GRANDE UM GRANDE PAÍS.

SUMÁRIO

AGRADECIMENTOS 9

PREFÁCIO 13

INTRODUÇÃO 17

01. 1988 - O NASCIMENTO DO GATE 19

02. A PRIMEIRA OPERAÇÃO COMO COMANDANTE DO GATE 41

03. A IMPORTÂNCIA DA INDIGNAÇÃO 45

04. O SIGNIFICADO DA PALAVRA MISSÃO PARA UMA TROPA DE ELITE 49
1ª lição – Lidar com o conflito 54

05. GESTÃO DE PESSOAS À MODA CAVEIRA 57
2ª lição – É a estrutura que suporta o processo 61

06. OUTRAS ARMAS QUE PODEMOS USAR EM UMA NEGOCIAÇÃO 69

07. O PIOR BANDIDO, O MELHOR PAI 73
3ª lição – Informação é fundamental 78

08. SÍLVIO SANTOS VEM AÍ 81
4ª lição – Organizar o local 85

09. NEGOCIAÇÃO - A FASE DO "EU QUERO" 89
5ª lição – Aprenda a ouvir 94

10. OPERAÇÃO FEBEM FRANCO DA ROCHA 99
6ª lição – Aprenda a pensar com a cabeça do outro 103

11. COM OS BANDIDOS NA MEGARREBELIÃO 107
7ª lição – Mantenha o controle 112
8ª lição – Reconsidere quando for necessário 117

12. PINHEIROS-PRAIA GRANDE 121
9ª lição – Cumpra o que foi combinado 129

13. "O GATE É FIRMEZA" - A PALAVRA NÃO FAZ CURVA 131
10ª lição – Credibilidade é a melhor arma em uma negociação 136

SOBRE MARC BURBRIDGE 137

REFERÊNCIAS BIBLIOGRÁFICAS 139

AGRADECIMENTOS

Ao Cel Res PM Jairo Paes de Lira – um dos mais brilhantes oficiais que a Polícia Militar já teve em seus quadros – pelo apoio e confiança que me permitiram, como comandante do GATE, projetar e viabilizar o alcance de metas inimagináveis na época.

A toda minha equipe, composta por oficiais e praças do GATE, que me ajudou a conduzir o estandarte do sonho de fazer uma polícia melhor para poder ser admirada pela sociedade.

Ao Prof. James T. C. Wright da FIA/USP, que em 2004 me lançou o desafio de compartilhar com o mundo corporativo as lições de negociação obtidas nas crises policiais.

Aos incentivadores José Salibi Neto, Renata Müller, da HSM, e André Castro, que me honraram com este convite para compartilhar com mais pessoas essa história em que a negociação é a protagonista.

Ao Quartim de Moraes, grande mestre, que me ajudou a compreender melhor a arte de transferir para o papel, com clareza e objetividade, aquilo que está em nossos pensamentos.

Ao Prof. Marc Burbridge que aceitou o convite para prefaciar esta obra e, como estudioso do tema, compartilhar observações, comentários e ensinamentos, enriquecendo o conteúdo do livro.

Finalmente, agradeço à minha esposa Olga, companheira inseparável que, além de ter me apoiado em todos os momentos, em particular nos mais difíceis nessa trajetória de 30 anos na Polícia Militar, ajudou-me na organização deste livro com muita paciência e atenção.

"RESTAM OUTROS SISTEMAS
FORA DO SOLAR A COLONIZAR.
AO ACABAREM TODOS SÓ
RESTA AO HOMEM (ESTARÁ
EQUIPADO?) A DIFICÍLIMA,
DANGEROSÍSSIMA VIAGEM DE
SI A SI MESMO: PÔR O PÉ
NO CHÃO DO SEU CORAÇÃO.
EXPERIMENTAR. COLONIZAR.
CIVILIZAR. HUMANIZAR. O
HOMEM DESCOBRINDO EM SUAS
PRÓPRIAS INEXPLORADAS
ENTRANHAS A PERENE,
INSUSPEITADA ALEGRIA
DE CON-VIVER."

O Homem, as Viagens
Carlos Drummond de Andrade

PREFÁCIO

O livro do comandante Lucca é uma experiência de leitura fascinante e absolutamente relevante para todo executivo que precisa negociar sob pressão.

O que sempre esteve em jogo nas negociações do Lucca como comandante do Grupo de Ações Táticas Especiais (GATE) foi a vida humana, num palco em que a pressão do poder e a força sempre faziam parte do cenário. Durante os sete anos em que liderou o GATE, servindo como o principal negociador com os sequestradores, Lucca sempre cumpriu com êxito a missão de libertar os reféns. Fascinante em tudo isso, no entanto, é como as técnicas de negociação aplicadas nesses casos permitiram a transformação de potenciais tragédias em oportunidades de vida; e como as lições aprendidas têm relevância para a realidade dos homens e mulheres de negócios hoje.

A vida de Diógenes Lucca como negociador da Polícia Militar começou com o seu papel na criação do próprio GATE, em 1998, modulado inicialmente no estilo da SWAT, dos EUA. Durante os anos seguintes, o comandante Lucca foi assimilando os conhecimentos recolhidos de organizações similares em outros países, até chegar a ter uma equipe amplamente reconhecida pela eficiência na missão de libertar reféns, na grande maioria dos casos, negociando.

A incursão de Lucca na vida acadêmica começou em 2004, com um convite da FIA/USP para dar um módulo da disciplina Negociação do MBA Executive International. Daí em diante houve convites para participar de outros programas similares. Em 2013 foi convidado pela HSM Management para ser um dos palestrantes no Fórum de Negociação em setembro daquele ano. Dada a receptividade do público, em sua maioria gerentes, diretores e altos executivos de diversas empresas, a HSM Editora o convidou para compartilhar essa história. Missão dada, missão cumprida, como diria o próprio comandante. Surgiu, então, este livro. Uma história de vida como negociador do GATE enriquecida com reflexões úteis para o mundo de negócios.

Ao completar o livro, o Comandante Lucca me honrou com um convite para comentá-lo com a minha perspectiva de homem de negócios e estudioso da arte de negociação e resolução de conflitos no mundo empresarial. Meus comentários serão encontrados pelo leitor em boxes inseridos ao longo do texto e também ao final dos capítulos, assinados com as iniciais MB.

Nosso principal ponto de referência para esta comparação vai ser algo que muitos de nossos leitores já conhecem, os sete elementos de abordagem de Harvard, conforme os trabalhos de William Ury e Roger Fisher e ideias propostas no livro *Gestão de Negociação* escrito por mim e outros quatro especialistas brasileiros.

Então, boa leitura! É uma história tanto fascinante quanto relevante para todos do mundo corporativo.

Marc Burbridge

INTRODUÇÃO

Em 2005 eu estava completando sete anos como comandante do GATE – Grupo de Ações Táticas Especiais da Polícia Militar do Estado de São Paulo.

No decorrer desse período, talvez o mais turbulento de que se tem registro, sob o ponto de vista da violência urbana em São Paulo, minha equipe e eu atendemos a um grande número de ocorrências com refém localizado. Esse tipo de ocorrência se caracteriza quando o planejamento de um roubo perpetrado por criminosos não dá certo de alguma forma; seja por não contemplar no plano todos os detalhes para o êxito da empreitada ou, eventualmente, pela eficiência da pronta resposta da polícia que chega ao local antes que a fuga seja consumada.

Impossibilitados de fugir e temendo o confronto armado com a força policial, a opção que resta para os criminosos é a tomada de reféns. É nesse cenário que a alternativa tática denominada Negociação ganha corpo e presença.

Durante o deslocamento para mais uma dessas operações, um filme passava pela minha cabeça. Ao mesmo tempo em que, pelo rádio da viatura, eu passava instruções aos policiais que já haviam chegado ao local e outras providências de acionamento de equipe médica para eventual socorro às pessoas feridas, policiamento de trânsito para isolamento da área e outras da mesma natureza, eu também me lembrava das outras ocorrências de que participamos e resolvemos e das lições que aprendemos em cada uma delas. Parecia ser apenas mais uma ocorrência, mas essa seria especial. Porque foi, ainda que eu não soubesse, minha última operação como comandante desse grupo de elite.

Essa última operação consumou a realização de um sonho e fechou um ciclo que será revelado a partir de agora. Mas para isso precisamos voltar no tempo. Este é meu convite aos leitores: fazermos juntos essa viagem, compartilharmos as lições aprendidas em situações de alto risco e, a cada passo, verificar como elas podem ser aplicadas no dia a dia do mundo corporativo.

01 1988 – O NASCIMENTO DO GATE

As polícias militares do Brasil, durante o regime de exceção que durou mais de 20 anos, tiveram um status predominante de Força Auxiliar Reserva do Exército para a defesa do Estado. O foco de uma polícia para a defesa da sociedade era, de certa forma, pouco enfatizado.

A partir de 1979, com o processo de abertura democrática, começaram os primeiros ensaios para mudar o foco da ação policial na direção da sociedade. Tarefa árdua, pois exige uma mudança cultural. Já são passados 35 anos, e ainda se constatam resquícios do antigo modelo, sinalizando que esse processo ainda tem muito a evoluir.

É incrível como a história se repete, pois o anseio atual por mais segurança, que representa uma das grandes prioridades da população, já era presente naquela época.

Em São Paulo, foram dois governos nos quais a Segurança Pública ficou sem a devida atenção. De 1979 a 1983, por exemplo, o governo estadual permitia uma liberdade operacional bastante grande, por vezes desequilibrada e exagerada. As figuras do policial e da lei se confundiam e, não raras vezes, o policial, com essa permissividade e fiscalização frouxa, agia com excessos e práticas contrárias ao Estado Democrático de Direito. Era uma época em que bandido bom era bandido morto. Os salários eram baixos, faltavam viaturas, fardamentos, havia muita desmotivação por causa disso. Com essa equação – liberdade operacional mais falta de recursos – não se consegue prestar um bom serviço e, consequentemente, foram quatro anos nos quais os índices criminais só aumentaram.

Com a mudança de governo em 1983, o processo de abertura democrática lenta e gradual, iniciada em 1979, já se manifesta com mais consistência.

A deficiência estrutural começa a ser corrigida. Houve significativas melhorias salariais, compra de viaturas, equipamentos, rádio-comunicação, fardamentos e outras necessidades. Por outro lado, como é comum acontecer na história, o movimento pendular do "pode tudo" para o extremo oposto, em que "não pode nada", se fez presente. A área operacional da polícia começou a ser fiscalizada mais efetivamente e dela foi exigida uma melhor observância da lei. Começou-se a mostrar para o policial que ele não é a lei nem está acima dela, de modo a condicioná-lo a agir de acordo com as normas legais. Paralelamente, punições exemplares passaram a ser aplicadas quando necessárias.

Essas mudanças geraram perplexidade nos agentes da lei. Eles não estavam preparados para essas transformação. A experiência tem mostrado que as instituições policiais são muito herméticas e seguem seu caminho rumo ao futuro sem observar, pelo menos no grau que deveriam, o que acontece no mundo fora de seus perímetros. É por isso que muitas vezes as mudanças ocorrem de fora para dentro, e não de dentro para fora, o que seguramente seria mais prudente e menos traumático. ▸

> “Não basta o alinhamento de cima para baixo. É uma ilusão. O que é realmente necessário é o 'bialinhamento' pelo qual o executivo aproveita o feedback *bottom-up*, ouvindo ativamente. Mas, para isso, é preciso criar uma cultura corporativa que seja emocional e socialmente inteligente, conceitos identificados por Daniel Goldman.” MB

Surpreendidos com essa maior fiscalização e nível de exigência, os policiais se intimidaram e se retraíram. Dessa forma, a equação “recursos materiais mais amedrontamento operacional”, tão pouco eficaz para combater o crime, resultou em mais quatro anos em que a violência urbana continuava a crescer.

Em resumo, de 1979 a 1987 foram oito anos nos quais a Segurança Pública em São Paulo, por um motivo ou por outro, não avançou e se tornou a principal queixa da população, que exigia mudanças diante da violência urbana crescente. Havia um sentimento disseminado de insegurança e intranquilidade. O terreno fértil para a criação do GATE estava preparado.

Em meados de 1988, atendendo a essa demanda social, foi criado e implementado em São Paulo um projeto chamado Rádio Patrulhamento Padrão, que além de fazer uma grande mudança na estrutura da polícia em termos gerais, contemplava também a criação de um grupo especializado, com armamento e equipamentos diferenciados, para agir em situações especiais, nos moldes das SWATs americanas.

Em síntese, quando a população precisa de ajuda, chama a polícia e, quando a polícia precisa de ajuda, chama a tropa especial. Nesse caso, a tropa especial da Polícia Militar do Estado de São Paulo se chama GATE – Grupo de Ações Táticas Especiais.

À época, a criação de um grupo especial de polícia era inspirada em alguns princípios e particularidades comuns a todas as equipes especiais. O treinamento, o nível de exigência, o compromisso, os valores, o orgulho do pertencimento são características comuns a todos esses grupos e também aos profissionais que atuam nas chamadas operações especiais. Frases do tipo: "Vá e vença e que por vencido ninguém nos reconheça", "Missão dada é missão cumprida", "Força e honra" são comuns e incutidas desde a formação na mentalidade do profissional que vai atuar nessas especialidades.

De certa forma, nas empresas modernas, as boas práticas corporativas procuram criar nas equipes essa sensação de pertencimento, quando promovem ações junto aos colaboradores que revelam, entre outros valores, a força da marca, as vantagens em termos de salários, benefícios, bonificações, investimentos na formação, especialização e mecanismos eficientes de distinção por mérito. ▸

> "O compromisso com a missão, os valores da organização e a disciplina na hora de montar uma equipe são elementos fundamentais em uma negociação estratégica. O segredo, nesse caso, está na preparação das pessoas, no treinamento adequado e no exemplo do bom líder." MB

Ao pesquisar as origens mais longínquas das tropas

de elite, chega-se à operação Cavalo de Troia ocorrida em 1200 a.C., quando um grupo de combatentes gregos escondidos dentro de um enorme cavalo de madeira foi levado para dentro do território inimigo, na cidade Troia e, de forma furtiva, os infiltrados conseguiram franquear o acesso do restante da tropa. Esse episódio é descrito na obra *A Ilíada*, de Homero, e relata o que o comandante Ulisses disse a seus homens: "Príncipes, lembrai-vos de que a audácia vence a força. É tempo de subir para o nosso engenhoso e pérfido esconderijo". E narra o que aconteceu depois que os incautos troianos levaram o cavalo para dentro dos muros da cidade: "Já dentro da cidade de Troia, com a ajuda hábil de Epeu, Ulisses abriu sem ruídos os flancos do animal e, pondo a cabeça para fora, observou por todos os lados se os troianos vigiavam. Não vendo nada e ouvindo apenas o silêncio, tirou uma escada e desceu a terra. Os outros chefes, deslizando ao longo de um cabo, seguiram-no sem tardar. Quando o cavalo havia devolvido todos à noite sombria, uns apressaram-se a começar o massacre e os outros, caindo sobre as sentinelas, que em lugar de vigiar, dormiam ao pé das muralhas descobertas, degolaram-nas e abriram as portas da ilustre cidade do infeliz Priamo". Daí a expressão que se refere ao cavalo de Troia como presente de grego.

Percebem-se alguns elementos dessa narrativa ainda hoje característicos das tropas de comandos: a ação audaz, engenhosa, furtiva e com objetivo definido.

As tropas de elite, no meio policial, foram muito influenciadas na sua criação pelas tropas de comandos da Segunda Guerra Mundial, constituídas por grupos de militares que, apenas com seu equipamento individual, faziam incursões-relâmpago em território inimigo com a finalidade de matar e destruir.

Mas é claro que o que vale para a guerra não vale necessariamente para a paz. Obviamente, portanto, matar não pode ser a prioridade da polícia, nem mesmo de suas tropas de elite, em tempos de paz numa sociedade democrática.

De qualquer modo, no meio empresarial, a lógica da estrutura, estratégia e execução das ações de uma tropa de elite pode ser traduzida em uma relação entre as partes, na qual, ao final da negociação, um ganha e o outro perde. Em outras palavras, seria uma relação na qual o que vale é vencer a qualquer custo. Mais tarde, será revelado que algo assim não gera relações duradouras.

É nesse sentido que, dadas as agruras e os perigos da missão reservada às tropas de elite, a formação de seus integrantes deve ser precedida de uma especial preparação do candidato a fazer parte desse seleto grupo. E essa preparação passa por um curso específico, um Curso de Comandos, também conhecido como Curso de Operações Especiais.

Dessa forma, um curso que tem por fim preparar um militar para atuar nas condições mais adversas tem de reproduzir situações muito próximas da realidade. No entanto, é preciso evitar práticas abusivas, que não acrescentam nada ao homem que está sendo preparado e servem apenas para exteriorizar eventuais anomalias psíquicas de instrutores despreparados. A reiteração desse tipo de distorção leva necessariamente, mais cedo ou mais tarde, ao comprometimento da credibilidade do curso.

Assim, exigir altíssimas disciplina e prontidão é importante, pois são necessárias nas missões. Além disso, é imperativo trabalhar em equipe com a máxima atenção e segurança, ter vigor físico, resistência à fadiga e controle emocional para trabalhar sob pressão. Suportar longos períodos sem se alimentar nem se hidratar, sem perder a concentração, é uma vivência que vale a pena, pois acontece em algumas missões. E disso tudo se conclui que, forjado dessa maneira, aumentam as chances de sobrevivência e a possibilidade de o militar cumprir a missão a contento. Aliás, a expressão "cumprir a missão" tem um significado muito particular na mente e no coração de um integrante de uma tropa de elite.

De certa forma, tais atributos, exigências e rigor no alcance do objetivo definido, que significa o cumprimento da missão, não encontra, em geral, muita aderência em pessoas desprovidas de virtudes pertinentes a quem se dedica a esse desafio. Não cabem nesse perfil os de espírito fraco, oportunistas, medianos, ou aqueles, como disse Fernando Pessoa, que "vivem numa penumbra cinzenta que não conhecem nem a vitória nem a derrota...". Ou ainda o covarde bem simbolizado por Gonçalves Dias no poema *I Juca Pirama*, quando retrata a repulsa de um velho guerreiro por seu filho que, capturado, demonstra fraqueza diante da morte: "Tu choraste em presença da morte? Na presença de estranhos choraste? Não descende o covarde do forte; pois choraste, meu filho não és! Possas tu, descendente maldito; de uma tribo de nobres guerreiros; implorando cruéis forasteiros; seres presa de vis Aimorés?".

As boas práticas nas empresas devem se inspirar nesses mesmos valores. Qual processo seletivo não almeja ter, entre os candidatos finalistas, pessoas dispostas a entregar "um algo a mais" em benefício da organização, um colaborador que "veste a camisa" e se orgulha de pertencer à empresa, acredita no seu negócio? Quem não aprecia um colaborador que se sente preparado naquilo em que é forte por natureza e amparado pela corporação naquilo que lhe falta, encontrando estímulo em seu aperfeiçoamento pessoal e profissional por meio de treinamentos e qualificações?

> "O GATE conseguiu uma organização tática de equipe de deixar qualquer executivo com inveja. O primeiro princípio é o de que deve haver *apenas um negociador*, apenas uma pessoa a fazer propostas. Se não, não há como administrar uma estratégia por melhor que esteja elaborada. E se a negociação for estratégica, sobre algo de grande valor, é preferível que o negociador não seja quem toma a decisão final." MB

Os policiais integrantes dos grupos táticos não são melhores nem piores do que os demais. São diferentes, são guerreiros no sentido da obstinação. Os valores defendidos por eles são virtuosos e de altos ideais, é o que se depreende dos poemas citados anteriormente e da Oração do Guerreiro do GATE, uma das Tropas de Elite da Polícia Paulista, inspirada na oração dos paraquedistas, que diz: "Ó Senhor meu Deus, dai-nos somente aquilo que vos resta, dai-nos a fome, dai-nos a sede, dai-nos o frio, dai-nos o medo, mas dai-nos acima de tudo, ó Senhor; a fé, a força, a coragem e a vontade de vencer. Uns têm, mas não podem, outros podem, mas não têm. Nós que temos e podemos, agradecemos ao Senhor".

Nessa oração estão contidos muitos atributos pertinentes e particulares de um homem de operações especiais. É no mínimo curioso pedir a Deus só algo que resta, uma vez que as coisas boas já foram pedidas pelos outros. Ao pedir a fome, a sede, o frio e o medo expressa-se de forma subliminar e alegórica estar preparado para qualquer adversidade.

Na empresa privada seria o mesmo que deixar claro que o aumento de preço de um produto, uma falha que afete a produção, um problema na logística de distribuição ou um avanço da concorrência não serão motivos para o não cumprimento da meta. Por outro lado, ao pedir a Deus a fé, a força, a coragem, a vontade de vencer, o guerreiro reconhece que há fatores não controláveis por ele, e que o risco é inevitável sendo, portanto, prudente manter o pé no chão e invocar o apoio de uma força superior ou pelo menos aceitar que ela existe.

Finalmente, a oração se encerra com a frase "uns tem, mas não podem, outros podem, mas não tem, nós que temos e podemos, agradecemos ao Senhor". Nesse sentido, o guerreiro reconhece a importância de seu pertencimento a um grupo que possui menos vagas em relação à quantidade de pessoas que desejam ingressar. Entre eles, apenas os melhores terão essa chance e, entre os melhores, só os que forem constantes em sua virtuosidade é que permanecerão. Não se trata de apenas querer, são necessários também alguns requisitos que nem todos possuem ou que nem todos podem desenvolver.

Na empresa privada não é diferente. Processos seletivos longos, com dinâmicas variadas, tentam trazer à luz as qualidades e as deficiências de um candidato no que tange aos objetivos de longo prazo da empresa, que investe para contratar a pessoa certa. É natural, portanto, o sentimento daqueles que são bem-sucedidos nessa empreitada, sentimento que se traduz no orgulho de pertencimento que lá na frente se transforma em compromisso. ▸

> “Cumprir uma missão envolve cuidadosa seleção e rigoroso treinamento, mas, acima de tudo, implica o senso de pertencer a algo especial, algo que poucos conseguem alcançar.” MB

Esse modelo de tropa de comandos deu tão certo que acabou por inspirar vários grupos táticos nas polícias do mundo todo. O maior vetor nesse sentido foram as SWATs na década de 1960, nos Estados Unidos, e seguindo um modelo semelhante, o GSG9 na Alemanha, o GIGN na França, o GEO na Espanha, as Fuerzas Especiales na Argentina e, no Brasil, os vários grupos especiais das polícias federal e estaduais, sendo o BOPE do Rio de Janeiro o mais antigo e agora o mais comentado de todos, depois de retratado no filme *Tropa de elite*.

Não desejo comentar as diversas nuances que o filme apresenta sob o ponto de vista sociológico, do estresse emocional do policial ou mesmo do aspecto econômico relativo ao tráfico de entorpecentes. O que importa é examinar o resultado da ampla exploração midiática de uma tropa de elite. Nesse sentido, entendo necessário, para evitar a simplificação, estabelecer alguns pontos de reflexão.

Deve-se considerar sempre que um policial que integra uma tropa de elite não é mais nem menos que qualquer outro policial. Não deixa de ser uma visão maniqueísta classificar os policiais, da forma como sugere o filme, em três únicas categorias: os omissos, os corruptos e os que vão para a guerra, fazendo supor que somente aqueles que vão para a luta, como demonstra o filme, são os que devem servir de modelo. Ou ainda sugerir que a maioria dos estudantes universitários e membros de ONGs atuam com hipocrisia. Trata-se de um exagero na ficção, uma espécie de licença poética, que merece um ajuste no mundo real. Aliás, se alguém merece consideração e apreço da sociedade, é o policial ordinário, em sua maioria gente de bem, honesta, que trabalha em uma viatura policial de rádio-patrulha e é designado para atender uma ocorrência não sabendo o que vai encontrar pela frente. São esses policiais que não dispõem dos equipamentos e armamentos mais modernos, não possuem treinamento diferenciado e atendem desde uma simples desinteligência até ações perpetradas por grupos criminosos fortemente armados. Assim, se a ideia do filme era prestar uma homenagem, ela deve ser prestada também a esses bravos que não usam a farda preta ou camuflada.

Um policial de uma tropa de elite é diferente não na sua essência; a sua natureza é similar à de todos os outros policiais que tiveram a capacidade intelectual, o perfil psicológico, a capacidade física, a ausência de alterações em seus antecedentes criminais, a conduta social adequada e passaram no concurso público.

O policial de uma tropa de elite se diferencia por perseguir, de modo mais explícito, valores como honestidade, coragem, verdade, espírito de equipe e coesão e outros igualmente virtuosos, e isso fica mais fácil de ser cultuado e fiscalizado em um grupo pequeno, pois nessas circunstâncias não é possível "mascarar" por muito tempo condutas diversas desses valores.

> "Uma equipe de negociação estratégica para a aquisição de um ativo vital ou uma venda de grandes proporções ou um M&A, por exemplo, é diferente no sentido de requerer quatro funções: o negociador (o único que faz propostas); observadores (fazem perguntas, mas nunca propõem); o estrategista (que coleta e verifica informações) e o tomador da decisão final. A compreensão dessas quatro funções é tão importante para o sucesso da negociação da empresa como o diferencial na equipe do GATE para o sucesso da sua missão. MB

O mesmo cuidado deve ser levado em conta na empresa privada. É preciso sutileza, no sentido de não distanciar os funcionários da força de vendas, que atuam muitas vezes diretamente com os clientes externos, das equipes de retaguarda e outras que dão suporte ao processo como um todo.

A eficiência de uma área administrativa, o suporte da área jurídica, a regularidade da área de produção, a eficiência da área de logística, a estratégia da área de marketing e outras estruturas de suporte são determinantes para que a área de vendas possa fazer seu trabalho a contento. Convém sempre manter isso muito presente para todos. Quando se fala em equipe, sempre deve ser entendida no sentido mais amplo possível. Esse assunto será retomado mais adiante.

Além disso, para criar uma tropa de elite é necessário muito mais do que escolher um símbolo normalmente relacionado a felinos, aves de rapina, caveiras, armas cruzadas, miras telescópicas ou qualquer coisa similar. Não basta tampouco selecionar um grupo de algumas dezenas de policiais bem-preparados e vesti-los com uniforme diferenciado, equipá-los com uma viatura caracterizada e deixá-los sair por aí, bancando o "mocinho" com uma exposição muito mais exibicionista do que eficaz, valorizando mais forma do que conteúdo.

Na empresa privada a situação é a mesma. Vale dizer que se o funcionário "vender fumaça", ele o fará uma única vez. É caminho sem volta e anula qualquer possibilidade no futuro.

Qualquer tropa de elite deve seguir pressupostos estabelecidos pelo caminho seguro da boa doutrina. O primeiro deles é que uma tropa de elite deve se preocupar apenas com o que efetivamente importa: treinar, dar treinamento e operar.

Não se pode ter uma tropa de elite e operá-la como "clínica geral" em operações regulares, como Operação Papai Noel, Operação Carnaval, Operação Feriado Prolongado e coisas assim.

Na empresa privada, as melhores práticas caminham também nessa direção. Desenvolver um profissional não apenas para vender, mas também para cativar um cliente a ponto de fidelizá-lo é tarefa árdua, que exige, além do aprofundamento do conhecimento de técnicas e táticas de venda, uma prática constante e progressiva. Só assim se conquista a confiança que é a base para o estabelecimento da fidelidade entre as partes e a reciprocidade nos bons negócios. Afinal, em um processo de negociação não se almeja apenas um acordo, mas um bom acordo.

Caracteriza também uma tropa de elite equipamentos e armamentos diferenciados que a tornem apta a transitar, de forma plena, nas quatro alternativas táticas: a negociação, o emprego de técnicas não letais, o tiro de comprometimento (atirador de elite, também conhecido como *sniper* policial) e a invasão tática.

> "Evidentemente as quatros alternativas táticas do GATE são bem diferentes dos normalmente disponíveis no mundo corporativo, mas a importância de se ter alternativas é a mesma. Desde a criação da expressão **BATNA** (*Best Alternative to a Negociated Agreement*) por Ury e Fisher, no *Harvard Program on Negociations*, a importância de identificar as nossas melhores alternativas (e as do outro lado) ficou clara. A BATNA, ou **MASA** (Melhor Alternativa Sem Acordo, em português), é *poder* na negociação, o poder de dizer não." MB

Na empresa privada, busca-se agir da mesma forma. Costuma-se dizer que a outra parte, em uma negociação, não negocia com você. Negocia com o que enxerga quando olha para você. Esse "enxergar" deve ser compreendido no sentido mais amplo possível. Enxergar diz respeito a algo que você vê, não com os olhos, mas com o cérebro. Enxergar exige uma base de conhecimento. Se você não conhece arte e olha um quadro de um pintor impressionista, o máximo que poderá dizer é se gostou ou não do que viu, ao passo que conhecendo fundamentos de pintura poderá entender melhor o que o artista quis expressar. O mesmo raciocínio serve para o paladar. Se ele for treinado, conseguirá "enxergar" muitos ingredientes de um prato e o resultado da mistura entre eles.

Em uma ocorrência com refém, o criminoso teme pela própria vida e, em contato com um negociador, todos os seus canais sensoriais estão em alerta máximo: ele ouve melhor, vê melhor, cheira melhor. E geralmente está disposto a resolver a crise com a negociação. Mas não se pode deixar de levar, para o teatro de operações, opções mais contundentes, digamos assim, como munições não letais, um atirador de elite e, eventualmente, como recurso extremo, uma célula tática para invadir o recinto. Dependendo das circunstâncias, o negociador pode solicitar isso tudo de forma não perceptível; de forma perceptível, mas sutil, e, em alguns casos, de forma bem espalhafatosa. Nesse caso, a outra parte é forçada a reconsiderar sua postura, dando equilíbrio ao processo. Isso também merece um cuidado especial, a fim de fugir da armadilha denominada "escalada irracional", que ocorre quando uma das partes, ao receber uma agressão, tem a capacidade de raciocínio afetada e retribui também agredindo, o que estimula o revide. Nessa escalada, é pouco provável que as coisas terminem em acordo, objetivo de qualquer negociação.

A mesma tática e os mesmos fundamentos de negociação podem ser adequados à empresa privada. Para reforçar argumentos da negociação propriamente ditos, é uma boa prática apresentar, de forma estratégica, as vantagens que a sua estrutura de retaguarda pode oferecer à outra parte. Assim, por exemplo, se você for questionado que seu preço é mais alto que o da concorrência, você pode argumentar que graças a sua estrutura logística é possível manter a regularidade do fornecimento também nos períodos de maior demanda. Se o preço é mais alto, você pode estender a garantia, o prazo de pagamento ou oferecer algum benefício adicional que só uma empresa com a dimensão de retaguarda da sua tem condições de propor.

Em todo esse contexto é importante lembrar que o que se pretende é construir uma relação duradoura e para isso existem limites que devem ser respeitados. É por isso que uma negociação oferece sempre três possibilidades: pode dar certo de pronto, o que acontece raras vezes; pode dar certo se trabalhada adequadamente, o que é o mais comum; e, eventualmente, pode não dar certo, como resultado do desentendimento entre as partes. Nesse caso, o que se recomenda é construir uma ponte para o futuro e uma saída honrosa. Hoje não deu certo, mas no futuro isso pode ser revertido. Só agirá dessa maneira o negociador resiliente. ▸

“A referência de Lucca aqui corresponde muito proximamente a dois dos sete elementos da chamada Abordagem de Harvard: o *relacionamento* e a *comunicação*. Os dois andam juntos e reforçam um ao outro. Sem comunicação não se negocia, e sem um bom relacionamento não se comunica bem. O desenvolvimento de um relacionamento adequado pode ser bem complexo, mas é fundamental para cumprir a missão.” MB

Resiliência, em Física, é a propriedade que um corpo tem de, mesmo submetido a pressão que altere sua forma, retornar à forma original, sem rompimento ou deformação, tão logo a pressão cessa. Ser resiliente, portanto, é virtude num negociador. Ele sabe que a primeira vítima de uma agressão é a capacidade de raciocínio. Assim, o negociador resiliente é psicologicamente imune a agressões e por isso jamais cai na armadilha do "bateu, levou".

O voluntariado também é algo recomendado e característico de uma tropa de elite, até porque as exigências e as vicissitudes das missões exigem "algo a mais" de cada um, e uma atitude voluntária de desprendimento facilita em muito o funcionamento das coisas.

Nem todas as pessoas tem a capacidade de trabalhar em nível razoável e aceitável de desgaste em ambientes muito competitivos. Assim, recomenda-se o voluntariado na empresa privada para missões que tendem a exigir mais das pessoas.

Outra questão que merece uma análise cuidadosa é a de que o Brasil é um país continental, com uma enorme diversidade regional, inclusive do ponto de vista cultural. Daí é razoável inferir que as formas de atuação da polícia e dos criminosos não podem ser padronizadas para todo o território nacional. A metodologia usada no combate ao crime por um Estado não é necessariamente a melhor também para outro. ▸

> "O Brasil é grande, a economia global maior ainda. Se ignorarmos a diferença cultural entre o nosso perfil como negociador e o daquele do outro lado, seja gaúcho, mineiro, carioca, paulista, espanhol, japonês, árabe ou suíço, podemos criar problemas sérios de relacionamento e comunicação, mesmo falando a mesma língua." MB

O mesmo ocorre na empresa privada: o processo de

negociação deve guardar coerência com um contexto que leva em conta o espaço, o tempo e os costumes locais.

Culturas, características e singularidades devem ser consideradas para estabelecer o melhor planejamento, a devida estratégia e a correta execução.

Além do mais, “matar o bandido”, como às vezes reclama o clamor social, nunca será a solução do problema. O emprego de força letal é direito dado ao policial no estrito cumprimento de dever legal ou na legítima defesa própria ou de terceiros, desde que observados os parâmetros legais que regulam essa conduta. O que acontecer fora desses limites é por conta e risco do policial. O mais sábio é deixar que o criminoso escolha o seu caminho. Um bom policial fará tudo para prendê-lo e conduzi-lo à Justiça para prestar contas de seus atos. E esse mesmo bom policial não irá titubear em fazer uso da força necessária, inclusive a letal, para cumprir o seu dever se a situação o exigir.

Na empresa privada, em termos de negociação, vencer a qualquer custo (matar o bandido) está longe de ser a melhor prática e ainda corre-se o risco de causar a dissonância cognitiva – contradição ou incoerência entre as avaliações passadas, atuais ou futuras, que provocam desconforto e insegurança em relação ao que foi negociado.

O fato é que, no passado, o que se objetivava numa operação policial era resolver o problema “custe o que custar”, o que geralmente excluía qualquer negociação. Vencer a qualquer custo era o que importava. A atuação do GATE se assemelhava a um processo de venda no qual a única preocupação do vendedor é forçar o cliente a fazer a compra, não importando a percepção com a qual ele saia desse processo.

Muitas vezes a relação entre vendedor e comprador acaba sendo uma experiência única, ou seja, a relação não vai ser esquecida nem repetida. Isso não ocorre com um bom vendedor, pois o bom vendedor não é aquele que vende mais, mas aquele que desperta no comprador um sentimento positivo, criando uma relação de confiança que o transforma em cliente fiel.

Uma relação baseada nesses princípios proporciona a tão desejada satisfação pessoal de ambas as partes, o primeiro passo para o estabelecimento de relações duradouras. Mas não era assim que o GATE agia no passado, dando conta de sua missão de um jeito e de outro. À medida que o tempo passava, a imagem do grupo se cristalizava como o de uma tropa temida pelo criminoso, chegando mesmo a ser classificado como um grupo de extermínio. A "pegada era bem forte" de modo que, em algumas circunstâncias, a prevalência do objetivo de eliminar o criminoso acabava impondo ao refém um risco que poderia ser evitado.

Como fundador e comandante da Equipe Tática durante os primeiros anos de existência do Grupo, fui protagonista desse tipo de conduta em diversas operações, não raras vezes com emprego de força letal. Em muitos desses episódios, a sorte, mais do que qualquer planejamento, contribuiu para que nenhum refém saísse ferido. O mesmo não posso dizer com relação a todos os criminosos.

Depois de quatro anos, recebi a missão de cuidar da segurança do então governador do Estado e deixei o

GATE, permanecendo seis anos na nova atividade. ▶

Em 1998, retornei ao GATE como comandante, sucedendo um colega de turma e amigo, que numa longa conversa revelou um diagnóstico muito preciso de como se encontrava o Grupo naquele momento. Essa conversa serviu de base para a minha primeira reunião com a tropa.

"O que aconteceu com o GATE durante os anos da ausência de Lucca foi similar ao que acontece numa negociação estratégica quando a proposta de valor é mal-definida. Uma pequena suposição errônea, uma falta de visão de *por que*, além de *o que*, pode resultar num objetivo equivocado e numa missão mal-sucedida." MB

Fui recebido pelo tenente-coronel PM Jairo Paes de Lira, então Comandante do 3º Batalhão de Choque, que abrigava o GATE como uma das companhias operacionais. Esse comandante, seguramente um dos mais brilhantes oficiais que a Polícia Militar teve em seus quadros, deu-me carta branca desde o primeiro dia naquela unidade, e essa autonomia foi mantida até o último dia de seu comando.

As condições eram muito insatisfatórias quando assumi o GATE. O Batalhão havia sido obrigado a abandonar as instalações que ocupava no Parque Dom Pedro (em São Paulo), antigo Batalhão de Guardas do Exército. O prédio era antigo, e perdemos a batalha para os cupins que danificaram as vigas de madeira que sustentavam-no. O Batalhão inteiro, exceto dois departamentos que possuíam sedes próprias, foi deslocado para uma edícula na sede do Comando do Policiamento de Choque, em condições muito inadequadas para todos.

O moral da tropa estava baixo, os equipamentos sucateados, e o grupo tinha pouca visibilidade, inclusive no público interno da corporação, o que resultava numa baixa demanda de acionamentos.

Marquei uma reunião e vi vários rostos conhecidos desde a minha época de tenente. Foi um episódio que evocou vários sentimentos e uma certeza: uma ideia que eu já havia planejado foi fator decisivo para o sucesso de minha gestão.

A comunicação humana é uma ciência complexa, como se verá mais adiante. Muita coisa pode acontecer nesse processo. Eu precisava dar um recado que não deixasse a menor dúvida, em cada um dos homens, a respeito daquilo que pretendia. Após as amenidades de praxe, fui direto ao ponto: "Estou assumindo o GATE por designação do Subcomandante Geral da Polícia Militar, alguns de vocês me conheceram e trabalharam comigo nos quatro primeiros anos deste Grupo e conservam ainda a imagem do tenente Lucca. Nesses seis anos que estive fora, muita coisa mudou na sociedade, e vou lhes dar a regra básica: aqueles que seguirem o que determina a lei, a doutrina e que cumprirem as ordens, com esses irei junto até o fim".

"O que aconteceu a partir deste momento é um exemplo de *turn around management* na prática." MB

O que eu queria mesmo era mandar um recado tão preciso quanto um míssil para alguns policiais em particular, para aqueles mais presos a um paradigma infelizmente seguido até hoje por alguns deles, de que "bandido bom é bandido morto". Foi o primeiro passo para deixar claro que "resolver o problema a qualquer custo" era algo que, dali em diante, estava fora de cogitação para solucionar uma ocorrência com refém.

Para fazer uma analogia com o mundo corporativo, seria como um vendedor ter como único objetivo atingir a sua meta de vendas, nem que para isso utilize estratégias que seguramente vão comprometer o relacionamento com o cliente no futuro. Esse é o tipo de vendedor que vende, mas apenas uma única vez.

"Como iremos ver no restante do livro, a experiência e a visão de Lucca no GATE nos ajuda a entender melhor os nossos desafios de negociação na vida empresarial. Para ilustrar isso vamos comparar os dois mundos aproveitando os chamados sete elementos da abordagem de Harvard. Sobre dois deles já fizemos referência, o *relacionamento* e a *comunicação*, inter-relacionados e interdependentes. Vamos também mostrar porque é tão importante entender os reais *interesses* das partes (inclusive os que estão por detrás das demandas) para podermos enxergar novas *opções* de possíveis soluções, bem como o papel de *legitimidade* na criação e proteção do valor. Esses três últimos compõem o Círculo de Valor.

Já fizemos referência ao poder das *alternativas* e mais especificamente ao uso da melhor alternativa, a MASA. Finalmente trataremos do *compromisso* nos dois mundos da negociação." MB

02 A PRIMEIRA OPERAÇÃO COMO COMANDANTE DO GATE

Uma característica muito particular de um grupo tático é que, embora os escalões hierárquicos sejam claros, definidos e a disciplina exista, não há nenhuma espécie de temor reverencial diante do superior hierárquico. Em outras palavras, disciplina e respeito são permanentes e não se desvirtuam pela frequente proximidade entre comandante e comandados, desde os treinamentos até as operações.

Nas tropas especiais, em que existe essa convivência próxima, a liderança acaba se impondo pelo exemplo. Espera-se de um comandante de grupo tático o cumprimento de todos os pré-requisitos e desempenho exigidos de seus subordinados. O Curso de Operações Especiais, o cumprimento dos requisitos físicos de acordo com a tabela de resultados e colecionar experiências operacionais que comprovem suas habilidades em situações reais ajuda o comandante a ser plenamente aceito e respeitado. Por tudo isso, é muito raro ver uma operação protagonizada por um grupo tático sem a presença física do comandante no teatro de operações.

"Um dos desafios do CEO é ter a autodisciplina necessária para delegar a um subordinado a responsabilidade por uma negociação estratégica importante, garantindo a ele ou ela, o papel de tomador de decisão final. As vantagens disso são diversas, começando pelo fato de que proporciona mais flexibilidade. Ainda assim, o sucesso depende do perfil, treinamento e alinhamento do negociador." MB

Ainda que seja uma situação que possa ser plenamente resolvida pelo tenente com sua equipe, o comandante também está presente, mesmo que seja apenas para dar algum eventual suporte, fiscalizar ou aferir o desempenho. ▸

Em empresas privadas, muitos altos executivos têm adotado, como boa prática, condutas dessa natureza, visitando seus colaboradores nas estações de trabalho, eventualmente almoçando com eles e comparecendo ao "chão de fábrica."

As coisas foram acontecendo rotineiramente nos primeiros dias, até o acionamento do GATE para aquela que seria a minha primeira operação como comandante do Grupo. Imediatamente nos deslocamos para o local e, ao chegarmos, fui informado pelos policiais da área, que lá já estavam e que cercavam o perímetro, sobre a natureza da ocorrência. Tratava-se de um roubo a um posto bancário, no interior da Secretaria Estadual da Fazenda, na área central da cidade. Os criminosos decidiram roubar a agência e, sem que percebessem, foi acionado o alarme. Após retirar o dinheiro dos caixas e iniciar o procedimento de fuga, perceberam a chegada da polícia e, temendo o enfrentamento armado, recuaram, fizeram um grupo de funcionários reféns e homiziaram-se em um dos banheiros.

Os policiais fizeram o isolamento da área e iniciaram um contato com os criminosos. Mas a situação não prosperava, porque os agentes locais não tinham o know-how para lidar com negociação em crises dessa natureza. Nesse sentido, uma questão fundamental deve de pronto ser considerada, um negociador precisa preencher dois requisitos: perfil e conhecimento.

O perfil é formado pelas características inatas que acabam por favorecer a introjeção e o manejo das ferramentas técnicas e táticas obtidas por meio do outro requisito, o conhecimento. Posto isso, um negociador terá maior chance de ser bem-sucedido se possuir habilidade verbal para proceder a uma boa comunicação e ainda controle emocional, paciência, senso de oportunidade para aplicação dos princípios, técnicas e táticas cabíveis. Esses recursos devem ser interiorizados e mentalizados, de tal modo que o negociador possa usar com autoconfiança e de forma plena, sem demonstrar insegurança ou hesitação, porque do outro lado da mesa é prudente supor que há um interlocutor com a mesma estatura e em prontidão para captar qualquer oscilação que demonstre fraqueza. Isso só é obtido por meio de leituras, estudos e troca de informações por ocasião de eventos em que o tema negociação é discutido.

De volta à ocorrência em andamento, chegou-se a conclusão de que era preciso o apoio de profissionais especializados nesse tipo de situação e foi por esse motivo que fomos acionados.

À medida que tomávamos ciência de toda a situação, fomos adotando algumas providências complementares, a fim de criar a ambiência adequada para iniciar a aproximação do ponto crítico, próximo ao banheiro, onde se achavam os criminosos e os reféns. Quando, finalmente, chegamos perto e o líder dos criminosos percebeu a nossa presença, algo insólito aconteceu, ele ficou totalmente transtornado e vociferou uma expressão que me atingiu em cheio: "Ih, GATE não, GATE é tiro na cabeça". Consequentemente aconteceu um paradoxo: a situação estava crítica e a chegada dos policiais especializados, ao contrário de reduzir a tensão, aumentou-a. A situação ficou pior. Uma profusão de sentimentos ruins abateu-se sobre mim. Foi preciso despender uma grande energia para controlar essa frustração e certo constrangimento diante daqueles que em nós depositavam sua confiança na resolução do caso. Ao final, a ocorrência acabou sendo resolvida a contento: reféns sãos e salvos e criminosos encaminhados para a prisão.

> "A competitividade comum e necessária no mundo dos negócios muitas vezes faz o executivo esquecer de que a *negociação não tem nada a ver com ganhar do outro, mas com atingir um objetivo.* O 'ganhar do outro' podemos deixar para a quadra de tênis ou para os campos de golfe. A regra é focar no objetivo e não esquecer de dar espaço para a outro poder se sentir bem. Geralmente, é uma péssima ideia deixar o outro sair da mesa pensando que perdeu.
>
> Com muita ênfase no lado agressivo, o GATE havia criado uma imagem que, de fato, dificultava o cumprimento da sua missão. Empresários que cultivam a imagem de durão correm o risco de serem vistos com desconfiança." MB

03 A IMPORTÂNCIA DA INDIGNAÇÃO

O deslocamento de volta ao quartel, até por conta do trânsito, já complicado desde aquela época, e também pela opção que fizemos de voltar em comboio, foi longo. E, para mim, especialmente penoso, não pela demora, mas por não ter gostado daquilo que vivenciei naquela operação.

Note-se que, conforme já dito anteriormente, seis anos já tinham passado até o meu retorno.

A mudança das coisas é permanente e a característica do mundo contemporâneo é a velocidade com que essas mudanças ocorrem. A imagem congelada do GATE aos olhos dos criminosos como um grupo de extermínio era completamente fora de propósito, era como se tivésemos parado no tempo, e esse tipo de percepção fatalmente conduziria o Grupo à extinção.

Apesar do clamor social, é ilusória a atitude emocional de pessoas que querem soluções rápidas para problemas complexos ou que acham que o monopólio do uso da força deve ser dado aos policiais de forma irrestrita e sem controle. Tais atitudes só nos conduzem de volta ao passado, à Lei de Talião, "olho por olho, dente por dente", à vingança privada, num ambiente em que cada uma faz o que bem entende de acordo com suas circunstâncias e tudo isso nos afasta do desenvolvimento, da evolução humana. No limite, esse poder irrestrito da polícia que muitos defendem seguramente implica efeitos colaterais perversos para a própria sociedade.

Não bastasse isso, o drama que eu vivia naquele momento envolvia uma questão de ordem prática. As ocorrências com reféns no Brasil, geralmente, acontecem quando o plano de fuga foi frustrado e a opção dos criminosos por fazer reféns é salvar a própria vida. Nessas situações, a alternativa tática denominada negociação acaba por resolver a maioria dos casos e por isso tem sido muito estudada e aperfeiçoada, a ponto de ser conhecida como a "rainha" das alternativas táticas. É a opção que menor risco oferece aos policiais, aos reféns e também aos criminosos.

Assim sendo, o criminoso é, em tese, o meu cliente e objetivando o alcance da nossa meta maior, salvar os reféns, é imprescindível fazê-lo sentir-se seguro com a nossa presença. Para isso é necessário que ele nos reconheça como um interlocutor confiável, que está disposto a resolver a situação de forma pacífica. Mas é necessário também que ele perceba que estamos dispostos e preparados para tudo e, assim, ele só tem a perder, caso resolva ultrapassar o limite razoável. ▸

> "O primeiro dos sete elementos da abordagem de Harvard é o *relacionamento*. É utilizado como base para o segundo elemento, a *comunicação* baseada em confiança e credibilidade. Assim, aconselhamos o empresário a investir no *relacionamento* sabendo que a credibilidade não é algo que se compra, é construída ou, no máximo, transferida. Se A não conhece (e portanto não confia em) B, mas conhece (e confia em) C, é possível que C sirva de ponte de credibilidade entre A e B. Ainda assim, é bom lembrar que um bom *relacionamento* não necessariamente implica amizade." MB

Tudo isso para mim era evidente, transparente, e era o que eu esperava encontrar. Mas nada disso havia acontecido e o resultado foi um profundo sentimento de indignação que ocupou meu pensamento durante todo o deslocamento da volta.

A indignação tem um motor potente.

Na vida muitas vezes algo nos incomoda mas, por imobilismo e inércia, vamos nos conformando. Porém, à medida que isso vai se repetindo, a cada experiência parece que vamos nos tornando menos tolerantes a esse incomodo. E quando esse desconforto atinge o grau máximo, transforma-se em indignação, que se traduz na necessidade de mudar o comportamento, dar um basta em busca de uma nova opção. E foi exatamente isso que aconteceu comigo naquele dia. ▸

"A indigação é uma emoção e, neste caso, uma emoção positiva e construtiva. Como gerenciamos emoções? A resposta é: não gerenciamos. A emoção, seja amor, raiva ou indignação, apenas acontece. O que gerenciamos é o nosso comportamento frente a emoção. Podemos usar a emoção para impulsionar uma ação positiva ou negativa. Para ser positiva precisamos nos preparar não para reagir, mas para agir de forma construtiva. Nas negociações, precisamos nos manter firmes em busca do objetivo." MB

04 O SIGNIFICADO DA PALAVRA MISSÃO PARA UMA TROPA DE ELITE

Ao chegar à base depois de uma operação, é praxe fazer uma comunicação informal do resultado ao escalão superior e em seguida todo o grupo se reúne numa sala de aula. Uma das características das tropas especiais é a existência de rituais comuns a todas elas. Há o ritual da iniciação para o pertencimento; os rituais de premiação, por condutas elogiosas; o ritual de correção, por falhas nas atitudes que comprometem os relacionamentos interpessoais; o ritual de *briefing* antes da partida para uma missão e o *debriefing* após uma operação. A reunião na sala de aula tinha esse objetivo.

A sala de aula é um local sagrado para um grupo tático. Nela, o *debriefing* permite que se tratem as questões de forma aberta, democrática e sem reservas. Todos contribuem, começando pelo soldado mais novo no quartel e encerrando com o comandante. Assim, demos início à análise da operação recém-concluída. ▸

“Algo fundamental e que falta na gestão de muitas equipes é o feedback. Não basta o alinhamento de cima para baixo para ter uma equipe eficaz, aquela equipe que representa uma vantagem competitiva. Tem de ter tempo e encontrar mecanismos para aprender com erros e acertos, e a melhor fonte para isso são os membros da sua equipe. Mas para isso eles têm que ter em certos momentos a liberdade de falar e criticar; e o gestor precisa ter a habilidade de ouvir. Chamo isso de cultura do 'bialinhamento'. Para quem consegue é uma clara vantagem competitiva.” MB

A maior parte das questões levantadas, relativas a procedimentos da operação, divergia dos meus pontos de vista. Isso agravou o sentimento de indignação que já tomava conta de mim de forma acentuada. Percebi, então, que tinha pela frente uma missão desafiadora: fazer meus comandados enxergarem uma concepção de nosso trabalho que eu entendia como mais moderna e eficiente. E em vez de confrontar as opiniões discordantes, preferi começar falando sobre as reponsabilidades de um comandante.

O comandante é, definitivamente, o responsável por tudo o que acontece de certo e de errado no grupo que a ele se subordina. Mas isso não significa que ele deva exercer uma liderança ditatorial, que sempre compromete, quando não impossibilita, o trabalho em equipe absolutamente indispensável ao êxito das operações de uma tropa de elite.

Um bom comandante deve dar atenção a todas as sugestões, mas é ele quem decide e, consequentemente, se responsabiliza pelo sucesso ou insucesso de suas decisões. O futuro do grupo estava sob minha responsabilidade e eu tinha perfeita noção disso.

Na vida, todos nós, em algum momento, defrontamos com um de três papéis diferentes a serem desempenhados. Há momentos em que vemos a banda passar, e o nosso papel é o de mero observador. É um contexto de que não fazemos parte. Em outro momento somos um dos instrumentistas da banda que passa e nos cabe dar conta desse papel tocando nosso instrumento da melhor forma possível. Nesse caso estamos inseridos em um contexto, mas com autonomia limitada. E há ainda momentos em que somos nós que decidimos por onde a banda vai passar e essa é a nossa hora, a nossa vez e a nossa oportunidade de dar um basta a tudo aquilo que achamos que passou dos limites e gerou em nós a força da indignação para mudar o que pode e deve ser mudado.

Assim, no comando da banda, na hora de me manifestar olhei em silêncio por alguns segundos no olho de cada integrante da minha equipe e de forma direta, racional e honesta compartilhei com eles o sentimento de indignação pelo qual eu estava tomado naquele momento. Após uma breve exposição de motivos, "paguei uma missão" que iríamos perseguir a partir daquele dia.

"Pagar uma missão", para uma tropa tática, tem o mesmo significado de estabelecer uma meta para o mundo corporativo. A palavra missão tem um significado muito forte para uma tropa de operações especiais, pois ali todos acreditam firmemente que missão dada é missão cumprida. E o que eu disse foi muito impactante.

Convicto de que era imperativo resignificar a imagem do GATE de tal forma que um dia não seriam mais os policiais que pediriam a nossa ajuda, mas os próprios criminosos, exortei todos a trabalhar forte para que esse dia chegasse. Era o sonho que eu perseguiria até o último dia do meu comando.

Para um grupo que estava preso a paradigmas completamente opostos a essa proposta renovadora, a reação foi a esperada. A maioria deixou transparecer contrariedade. Eram aqueles mais conservadores, herméticos, que têm dificuldade de prospectar tendências, o futuro e a necessidade de estar atento às novas formas de atuar. Uma pequena minoria reagiu de maneira mais favorável, como se estivesse dentro de cada um deles uma inquietação que precisava apenas de um despertar para sair de seu estado latente. E a missão que eu acabara de estabelecer ativou de forma concreta essa vontade. Um último grupo, como é comum de acontecer, ficou em cima do muro à espera do momento mais conveniente para tomar a atitude mais vantajosa. Eu já esperava por isso, mas minha convicção era de tal forma sólida que dela jamais me afastei.

É aquele momento em que você decide mesmo sem ter a "visão completa" do cenário. Em alguns casos é até algo inusitado, complexo, inglório, movido mais por um sentimento do que por uma explicação racional. É o pensamento "vai que dá", bem-ilustrado em um episódio da história americana, quando o ativista Martin Luther King, em sua trajetória de luta contra o racismo, ainda que em minoria e muito hostilizado, disse em público, com o intuito de conquistar mais adeptos ao movimento: "Suba o primeiro degrau com fé. Não é necessário que você veja toda a escada. Apenas dê o primeiro passo".

"A MASA, melhor alternativa sem acordo, do criminoso é muito ruim. Escapar é uma possibilidade remota e a equipe do GATE logo deixa isso bem claro. Por outro lado, a MASA de Lucca também não é nada boa enquanto os reféns estão em poder dos criminosos.

Em negociações corporativas costumamos dizer que quando a MASA dos dois lados é ruim a probabilidade de se chegar a um acordo é alta. O que é necessário é objetividade (libertação dos reféns); e o caminho mais seguro para isso é a negociação, o que implica atender aos interesses do outro lado.

No mundo dos negócios raramente há risco de morte em jogo, mas o negociador também precisa saber avaliar a MASA dos dois lados e ajustar a sua estratégia de acordo, pois a MASA é poder, o poder de dizer não. Talvez a coisa mais parecida com a negociação de reféns na empresa é a negociação interna, em que dizer não e virar as costas pode implicar a demissão de alguém." MB

1ª LIÇÃO
LIDAR COM O CONFLITO

É um equívoco achar que a harmonia e o entendimento entre as pessoas ocorrem de modo natural. A comunicação humana é complexa e envolve três elementos fundamentais: o emissor, de quem parte a comunicação; o código, aquilo a ser comunicado, e o decodificador, que recebe o código e o interpreta de acordo com a sua forma muito particular de se relacionar com o mundo, da mesma forma que ocorre com o emissor ao escolher esse mesmo código.

A possibilidade de surgirem ruídos de toda natureza nesse processo é gigantesca. Dependendo das circunstâncias, uma entonação, uma ênfase ou até a pontuação de uma frase pode alterar completamente o significado que se pretende transmitir.

A frase "feliz aniversário, nesta data querida," quando falada, dependendo da entonação da última palavra, pode-se expressar dois significados distintos. Como comentarista de segurança da TV Globo, por vezes sou chamado para analisar fatos que estão acontecendo ou acabam de acontecer. Certa ocasião eu estava participando de um evento em um auditório com o celular no modo silencioso e não atendi a uma ligação proveniente da emissora. Enviei uma mensagem de texto com o seguinte conteúdo: "Estou em um evento. É urgente?" E veio a seguinte resposta, também em texto: "não pode ser depois obrigado".

A ausência de pontuação na frase gerou em mim uma dúvida sobre qual era a urgência que eles tinham para falar comigo. "Não. Pode ser depois. Obrigado.": a pontuação indicaria que não se tratava de nada urgente. "Não pode ser depois. Obrigado.": caracterizaria nitidamente a urgência.

Esses exemplos ilustram bem a complexidade e as sutilezas do processo de comunicação entre as pessoas. Daí a recomendação de se tentar sempre resignificar o entendimento de um conflito de modo diferente ao que o senso comum parece indicar. Nem tudo que, à primeira vista, parece negativo e contraproducente efetivamente é assim.

Ao aceitar que o conflito é normal nos relacionamentos interpessoais, o candidato a negociador estará vencendo a primeira etapa de seu aprendizado. Estará incorporando aquilo que constitui o alicerce de uma estrutura que será edificada a partir dessa base sólida, representada pelo entendimento do conflito como algo que pode proporcionar ganhos mútuos.

A partir desse novo patamar o comportamento passa a ser outro. Tornamo-nos mais tolerantes, mais pacientes, mais cautelosos e mais resilientes para suportar agressões sem perder a capacidade de raciocínio.

É como se condicionássemos a nossa capacidade cognitiva no sentido de conduzir o estímulo gerado após uma agressão para o córtex cerebral que insere racionalidade antes da chegada ao centro das emoções. Esse desvio estratégico é desenvolvido por meio do processo de conscientização dessa nova forma de entender o conflito e com a consequente mudança de comportamento de modo a reagir mais racionalmente e menos emocionalmente.

Um bom negociador não vê o conflito como um problema. Ele sabe que, instintivamente, as pessoas têm mais medo do risco do que podem perder do que da oportunidade do que podem ganhar. Dessa perspectiva, o conflito passa a ser uma oportunidade na qual se pode até, mediante o processo de negociação, não contemplar as opções originalmente oferecidas pelas partes, mas construir uma nova opção, muito melhor, mais abrangente e, sobretudo, duradoura. ▼

“A chave para conquistar o que queremos numa negociação é garantir que o outro consiga, pelo menos, o mínimo do que precisa para se comprometer com o acordo. Mas, para isso, precisamos ter uma visão do que é esse mínimo, e isso exige uma boa dosagem de paciência, persistência e resiliência.

É interessante a referência à necessidade do uso do córtex, a parte pensante do nosso cérebro. Além disso, a neurociência nos ensina que quando somos atacados, o estímulo chega primeiro à parte chamada cérebro reptiliano, no início da medula espinhal. Isso permite reflexos imediatos e importantes para a autodefesa. Reagimos e depois pensamos, a não ser que treinemos a nós mesmos a *não reagir* à assertividade ou agressividade do outro. Assim, nosso córtex terá tempo para aproveitar as memórias e sentimentos do nosso sistema límbico do cérebro para ter uma resposta mais pensada. Porque, quando reagimos sem pensar, é bem possível que façamos um belo discurso do qual nos arrependeremos depois. O que está em risco pode não ser a vida de alguém, mas pode ser um negócio importante, ou até a nossa própria carreira.” MB

05 GESTÃO DE PESSOAS À MODA CAVEIRA

Antes de qualquer coisa, é preciso entender o verdadeiro sentido do símbolo muito comum nas tropas especiais, conhecido como "faca na caveira". Embora o senso comum relacione a caveira com a morte, o significado dela para as tropas especiais é diferente. A faca na caveira representa a vitória sobre a morte, e reza a lenda que a criação dessa simbologia teve origem no Dia D da 2ª Guerra Mundial.

Após o desembarque dos aliados na Normandia, o território inimigo foi ocupado e, ao que consta, um grupamento do exército americano localizou um campo de concentração e libertou os prisioneiros judeus que tinham os seus destinos já selados. Ao inspecionar o centro de comando do campo, abandonado pelos alemães em fuga, um militar americano encontrou sobre a mesa do gabinete um crânio humano e, determinado, sacou sua faca de combate e cravou-a na caveira, literalmente atravessando-a e proclamando que, naquele dia, a vitória havia superado a morte. A partir de então o símbolo foi adotado por tropas especiais, em particular as Forças Armadas, mas eventualmente também por grupos de polícia que atuam nas operações especiais. Faca na caveira é a vitória sobre a morte.

Essa é a razão pela qual os integrantes de grupos de elite costumam se tratar por caveiras. É quase um mantra, um cimento da união, algo que fortalece o espírito de grupo, que estimula o cumprimento da missão, pois, para o caveira, missão dada é missão cumprida, e o que dele se espera é que vá e vença e que por vencido ninguém o reconheça.

Um grupo de operações especiais se assemelha a uma marca de destaque na atividade empresarial. Há um interessante denominador comum nesses dois mundos de natureza tão diversa, o que poderíamos chamar de demanda maior que a oferta. Tanto num como noutro há sempre mais gente querendo entrar do que vagas disponíveis, e isso por si só resulta no estabelecimento de pré-requisitos mais rigorosos tanto para a admissão quanto, sobretudo, para a permanência.

Em linhas gerais, a gestão de pessoas nas tropas especiais é baseada em quatro requisitos: potencial, desempenho, competência e comprometimento.

Potencial e desempenho estão ligados à capacidade de entrega e às possibilidades de encarar novos desafios e até, no limite, de permanecer no grupo. Assim, quem tem alto potencial e alto desempenho está em condição, não só de permanecer no grupo, mas de se tornar sério candidato a uma promoção ou a um desafio maior.

Quem tem alto potencial e baixo desempenho chama a atenção para apurar o que está ocorrendo de errado, se falta algo a aprender ou ainda se é preciso treinar mais a fim de elevar o nível de desempenho, já que potencial existe.

Há aqueles que possuem baixo potencial a ser desenvolvido, mas superam em muito a expectativa no alto desempenho que apresentam no cumprimento de tarefas. Esse tipo de profissional é necessário no grupo, geralmente é muito bem-visto e conceituado, mas sua permanência não é garantida. Pode ser mantido no grupo apenas enquanto a função que exerce bem for necessária ou conveniente.

E, finalmente, há aqueles que além do baixo potencial apresentam um baixo desempenho. Nesse caso, a recomendação óbvia é a substituição imediata. A presença no grupo de um profissional com essas deficiências não só compromete o relacionamento interpessoal entre os demais, como, principalmente, coloca em risco o cumprimento satisfatório das missões. Ele se torna o elo mais fraco de uma corrente, e isso representa um risco que não é prudente assumir. Afinal, toda corrente tem a força de seu elo mais fraco, no sensato julgamento da sabedoria popular.

Finalmente, entende-se por competência a capacidade de saber fazer, e por comprometimento, a virtude de querer fazer.

Nas tropas especiais, de modo geral, a interpretação desses quatro conceitos – potencial, desempenho, competência e comprometimento – é clara, precisa e concisa. Esses conceitos ajudam a orientar a composição das equipes especiais e a gestão dessas pessoas no grupo. ▼

“Em alguns modelos dos consultores da *Executive Search,* prefere-se *potencial* a *competência*, pois a competência pode ser desenvolvida, e o potencial é mais complexo. *Desempenho*, por sua vez, é algo que pode ser medido e estimulado com incentivos. *Comprometimento* é um real desafio numa equipe empresarial, pois depende em grande parte da cultura da empresa e da habilidade de liderança em criar valores comuns e até uma visão positiva de futuro.

Não há substituto para liderança e comando na gestão de uma empresa, pois a realidade é rápida e algumas decisões não podem esperar. O que observamos, no entanto, é que a gestão por consenso, a inteligência emocional e social nos negócios e as negociações estão trazendo uma nova visão dos processos, e, o mais importante, uma visão mais lucrativa.” MB

2ª LIÇÃO

É A ESTRUTURA QUE SUPORTA O PROCESSO

A partir da revelação do sonho a ser perseguido e da explicação das melhores técnicas de gestão de pessoas em um grupo de elite, no qual o desejo de pertencimento tem como contrapeso a escassez das vagas, restou arregaçar as mangas e dar início à caminhada em direção ao objetivo pretendido.

Importante dizer que mudar uma cultura arraigada e quebrar paradigmas consolidados nunca foi tarefa fácil.

A história tem demonstrado, de forma eloquente, que, muitas vezes, a avaliação das pessoas com relação às perspectivas de mudanças acaba se revelando equivocada no futuro. As frases a seguir ilustram bem esses erros:

- "Os americanos precisam do telefone, mas nós não. Temos um número suficiente de mensageiros" (Sir William Preece, diretor do Correio Britânico, 1876).
- "Cavalos sempre existirão, mas automóveis são um modismo e logo desaparecerão" (CEO do Michigan Savings Bank, aconselhando o advogado de Henry Ford a não investir na indústria automobilística, 1903).
- "As bandas com guitarristas estão acabando" (Decca Corporation, justificando a recusa de contratar os Beatles, 1962).
- "Não existe nenhuma chance de o iPhone conquistar um share significativo do mercado. Nenhuma chance" (Steve Ballmer, CEO da Microsoft, 2007).

O processo de mudança se dá aos poucos, e é certo que alguns sucumbem pelo caminho. Tal fato, embora seja uma perda e, portanto, algo negativo, traz, por outro lado, um efeito colateral muito positivo no sentido de fazer as pessoas decidirem sobre o que desejam para suas vidas. Quando se afirma que é a estrutura que suporta o processo, a palavra *estrutura* deve ser interpretada no sentido amplo, ou seja, a equipe em si e a retaguarda mais abrangente.

No que diz respeito à equipe, é imperativo que esteja unida ou que pelo menos a grande maioria do grupo esteja alinhada aos objetivos planejados. ▸

"Como já dissemos, o alinhamento da equipe com cada elemento consciente de seu papel (negociador, observador, estrategista, tomador de decisões) numa negociação estratégica é fundamental. Porém, o alinhamento é uma via de duas mãos. Sem o feedback e a liberdade de contestar, a equipe não aprende; é cega dos próprios erros." MB

No entanto, uma minoria dissidente, desde que não faça uma oposição desleal, pode até ser conveniente. Como dizia Nelson Rodrigues, "toda unanimidade é burra". Assim, convém manter alguma oposição dentro da equipe, pois forçará o grupo a ser mais vigilante, mais cuidadoso com seu planejamento, pois sabe que toda falha será exposta. Isso tudo garante, ao final, maior qualidade ao trabalho.

Esse modelo é certamente um pouco mais desgastante, mas num mundo competitivo onde, lembrando ainda Nelson Rodrigues, "vivemos no espaço entre a angústia e a gangrena", é o detalhe que faz a diferença. O dissenso, portanto, pode valer a pena.

Para ilustrar essa ideia existe a história dos pescadores japoneses que vão a centenas de quilômetros de distância, mar adentro, para a pesca dos grandes atuns que chegam a valer, um único exemplar, dezenas de milhares de dólares no mercado de Tóquio. Na hora de serem comercializados, os peixes, congelados por imposição da longa viagem, valiam sempre menos quando comparados com os que eram mantidos vivos.

Seguindo sua tradição de aprimoramento e melhoria contínua, os japoneses construíram barcos com tanques, para manter os peixes vivos após a pesca. O modelo deu certo, o valor da mercadoria aumentou. Mas com o passar do tempo, observaram que o comportamento dos peixes dentro do tanque de sobrevivência se modificava na viagem de volta. Chegavam vivos ao porto, mas em estado meio letárgico, o que se refletia na mudança da textura da carne e em seu sabor.

Investigando o problema, os japoneses chegaram à conclusão de que o fato de o tanque de sobrevivência conter sempre apenas peixes da mesma espécie criava uma "zona de conforto" na qual, apesar do confinamento, os atuns ficavam relaxados por causa da ausência de predadores, ao contrário do que acontece em seu ambiente natural, onde permanecem o tempo todo em alerta máximo. A solução encontrada foi colocar um tubarão vivo no tanque. Ao final da viagem, o tubarão tinha causado duas ou três baixas, mas a qualidade da carne dos que sobreviviam estava garantida e era valorizada pela sua textura exatamente igual ao peixe vivo recém-capturado. Preservaram-se, assim, as exigências dos paladares mais apurados e o valor de mercado dos atuns pescados em alto-mar. Posto isso, leitor, considere sempre a possibilidade de manter um tubarão no seu tanque.

Recentemente, visitando um vinhedo no norte de Portugal, observei que as plantações são feitas nas montanhas e, exceto por uma condição muito excepcional, por tradição as videiras não recebem irrigação artificial. Tal fato me causou curiosidade, e perguntei ao especialista qual era o motivo dessa opção. Ele me explicou que o terreno é muito pedregoso, e as raízes, por esse motivo, são bastante profundas para tirar o máximo proveito da umidade proveniente do período das chuvas. Mesmo assim, insisti no assunto e perguntei sobre como a videira se comporta no fim do período da seca, pouco antes da colheita, considerando o calor daquela região no verão, época da colheita, ao que ele me respondeu que a colheita da melhor uva se dá quando a "parreira sofre". É no limite entre a perda da colheita e o momento propício à obtenção da melhor uva que se toma a decisão de colher. Segundo o especialista, é nesse período de "sofrimento" que a parreira, para sobreviver, se esforça, retirando os últimos nutrientes das profundezas da terra, transformando-os em açúcares vitais para uma uva de qualidade excepcional.

Esse "sofrer" é uma metáfora de que a dose certa de conflito dentro de uma equipe pode ser muito útil ao seu aprimoramento. A equipe tem de conhecer e aderir aos objetivos propostos. Ela é a primeira microestrutura que suporta o processo, mas não a única.

Em uma ocorrência com reféns, a negociação é uma das quatro alternativas táticas. Além dela, temos o emprego de técnicas não letais, o tiro de comprometimento – também conhecido como atirador de elite ou *sniper* – e, por último, a mais drástica das alternativas, a invasão tática, também denominada equipe de assalto.

Quando acontece uma ocorrência envolvendo reféns, o grupo tático se desloca para o local com todas essas quatro alternativas e, embora a negociação seja a primeira tentativa de solução da crise, as outras estão sendo preparadas, simultaneamente, como plano B, pois em uma ocorrência sempre é possível não haver o engajamento da negociação. Conforme já foi dito, uma negociação pode dar certo de pronto, situação pouco comum; pode dar certo se trabalhada, cenário mais costumeiro, e pode não dar certo. Nesse caso, costuma-se dizer que não houve o engajamento da negociação.

Um bom exemplo de não engajamento é uma pessoa entrar em uma concessionária de carros para ver um novo lançamento, apenas porque teve a curiosidade de conhecer a nova tecnologia lançada naquele modelo. O vendedor não sabe dessa intenção e o vê como um cliente potencial. Mas como o objetivo do visitante não é comprar o veículo, não importa o somatório de alternativas, possibilidades, facilidades de descontos, financiamentos, bônus ou qualquer outro atrativo que lhe seja oferecido. O que ocorrerá é que, satisfeita a curiosidade, o visitante irá embora, e o vendedor ficará aguardando uma nova visita de alguém que de fato esteja interessado em comprar um carro.

É nesse cenário que, na solução de uma crise com reféns, as outras alternativas ganham espaço para serem implementadas.

Um estrategista elabora sempre três cenários para uma situação de crise: o otimista, em que tudo vai dar certo; o realista, mais próximo do que está acontecendo e que a experiência acaba também por ajudar a construir; e o cenário pessimista, em que o estrategista se prepara para o pior.

O bom estrategista sempre prioriza o cenário pessimista e assim o faz por um motivo muito simples: não se necessita de preparo para enfrentar coisas boas, situações fáceis. Quando se prepara para o pior, há menos chances de se surpreender com as coisas. Pensar numa perspectiva pessimista amplia o leque de opções e providências, o que acaba por garantir mais prontidão e preparo para lidar com as crises. ▸

"Todo empresário é acostumado a lidar com planos de negócios nos quais três hipóteses — a otimista, a pessimista e a esperada — são comuns. Da mesma forma, o bom negociador é acostumado a usar três valores: a meta (aonde quer chegar), o limite (máximo ou mínimo) e a âncora (lançamento inicial que vai ou não vai fazer, dependendo de estratégia que adota)." MB

Em uma crise com reféns, o que se pretende é resolver o problema com a solução negociada. A implementação das outras alternativas, preferencialmente de modo sutil, é uma forma de se terem prontas para aplicação as outras opções, caso a negociação não porspere. Eventualmente as três alternativas podem ser preparadas de forma um pouco menos discreta, mais cinematográfica, de modo a que, por exemplo, haja a certeza de que o criminoso está percebendo o posicionamento dos atiradores de elite, o deslocamento das equipes táticas para pontos estratégicos e outras medidas destinadas a gerar um efeito dissuasivo, intimidatório, passando ao criminoso uma mensagem não verbal de que se ele não negociar, a coisa pode ficar pior para ele. Nesse sentido a ideia é fazer que ele valorize a chance de ser o sujeito da negociação em vez de se tornar o objeto da aplicação de uma alternativa mais enérgica.

No que diz respeito àquilo que transcende a equipe, quando afirmamos que é a estrutura que suporta o processo, é preciso considerar os outros apoios e recursos, que também colaboram na resolução de uma crise. Trata-se de uma visão mais abrangente do entendimento dessa estrutura. Em uma crise com refém é muito comum acionar outros serviços públicos, como o de trânsito, para isolamento das vias; as empresas de luz, água e telefone para, se for o caso, interromper o fornecimento desses recursos de modo a reduzir o conforto do ambiente onde estão os criminosos e reduzir a resistência. Recorre-se também a equipes médicas e de resgate, bem como psicólogos, psiquiatras, advogados podem ser chamados para compor o comitê de crise, tudo constituindo uma macroestrutura que dá suporte à operação. ▶

Na empresa privada o processo de negociação é similar. Um processo de negociação leva em conta não só o desempenho individual e coletivo dos integrantes da equipe, mas também o back-office da empresa, a força da marca, sua solidez no mercado, tudo isso servindo como embasamento dos argumentos que o negociador deve desenvolver para atingir os resultados pretendidos.

Quando o vendedor oferece um produto a seu cliente, deve haver por detrás dele uma estrutura, que faz parte da composição do preço e das vanta-

“A referência da estrutura que suporta o processo da negociação é particularmente relevante quando falamos de negociações comerciais e, com isso, voltamos à questão de cultura e alinhamento. Quando as pessoas do ponto de venda ou compra repartem os mesmos conceitos e até a mesma terminologia de negociação de seus superiores, falam com maior convicção, maior credibilidade. Negociam melhor. E isso é uma vantagem competitiva significativa. Mas, para alcançar esse nível de integração é necessário que todos, de cima para baixo, compartilhem um programa de capacitação com base em conceitos comuns. Assim a empresa suporta o processo de negociação, construindo uma cultura de comunicação, negociação e resolução de conflitos diferenciado, estruturado em princípios, valores e determinação.” MB

gens competitivas que podem também ser colocadas na mesa de negociação. Por exemplo, uma boa marca no mercado, um departamento de produção com fôlego para atender com eficiência a clientela, inclusive nos picos de demanda; um departamento de logística que garanta a distribuição a tempo e hora. Tudo, enfim, que possa ajudar o cliente a perceber a estrutura que está por trás do rótulo daquele produto.

06 OUTRAS ARMAS QUE PODEMOS USAR EM UMA NEGOCIAÇÃO

Até aqui procurei, mantendo o tema negociação nas imediações, ora à frente, ora lateralmente, ora mais distante, dar uma visão ampla do contexto em que ela se insere, de onde ela provém e o que a fortalece.

Mas o que é negociação? Os dicionários definem a palavra como transação, entendimento. Prefiro ilustrar o conceito com um exemplo do mundo corporativo.

Duas empresas, uma americana e outra libanesa, estavam envolvidas num processo de negociação para a compra e venda de um produto.

Ocorre que, por questões muito particulares à época da negociação, a empresa libanesa, que era compradora do produto fabricado pela empresa americana, acabou por ficar numa condição ligeiramente desfavorável no negócio, o que poderia comprometer novos contatos no futuro.

Os americanos, preocupados com essa questão, trataram de pensar numa forma de minimizar esse ligeiro distanciamento que o processo de negociação acabou criando.

Na hora da assinatura, o contrato veio em uma bandeja no formato e papel de pergaminho, preso com uma fita com as cores da bandeira do Líbano, o que foi uma surpresa muito bem-recebida pelos compradores.

Negociação, portanto, é descobrir o "enfeite" que falta para se chegar a um bom acordo.

Daqui para frente, a partir de situações reais nessa trajetória de sete anos à frente do GATE no gerenciamento de ocorrências de alto risco, em que vidas estão em jogo, pretendo compartilhar algumas lições que o Grupo e eu aprendemos que foram úteis e podem ser aplicadas nas relações interpessoais e no mundo corporativo.

"No contexto empresarial, as "armas que podemos usar" são as táticas que podem ser empregadas para alcançar nosso objetivo, reconhecendo que o outro lado também pode usá-las, dependendo da situação. Mas táticas existem centenas. Por isso, no *Harvard Program on Negotiation* foram identificados apenas alguns conceitos, os sete já mencionados, que nos ajudam a organizar o nosso pensamento.

Em termos de definição, oferecemos: negociação é um *processo* pelo qual duas ou mais *pessoas* se comunicam para *decidir mutuamente* sobre uma *ação* que pode ser tanto para: a) chegar a um acordo sobre a *troca ou divisão de algum valor* (*deal making*), ou b) a *resolução de um conflito* de qualquer natureza.

Nota: é um *processo realizado por pessoas*, não empresas nem países. Portanto, é importante que entendamos as pessoas do nosso lado, do outro lado e do terceiro lado (aqueles envolvidos que não estão na mesa). É necessário comunicar-se bem para *decidir em consenso*. Ninguém está em condições ou deve forçar uma ação unilateral. Se o acordo sobre a *ação* não é imediato, serão necessários meios, normalmente um memorando de entendimentos (MOU – *Memorandum of understanding*) ou um contrato, para administrar a realização do acordo em tempo. Se a negociação envolver troca de valores, é porque cada lado tem algo que o outro quer. Se envolver a divisão de valor é porque cada lado tem o poder de impedir que o outro leve o que quer. E, se estiver relacionada a um conflito, é porque o acordo das partes é necessário para sua resolução sem apelar para autoridades superiores." MB

07 O PIOR BANDIDO, O MELHOR PAI

Era uma tarde nublada quando fomos acionados pelo Centro de Operações da Polícia Militar para nos deslocarmos à região central de São Paulo, onde uma ocorrência com refém estava em andamento, e os esforços do policiamento de área não estavam sendo suficientes para resolver a crise. Ao chegarmos ao local, fomos nos inteirar do que estava acontecendo. Tratava-se de um jovem, entre 25 e 30 anos, sob o efeito de cocaína e que mantinha sua namorada como refém, sob a mira de uma arma de fogo, dentro de um quarto de pensão.

Segundo apuramos, haviam se desentendido, discutiram, entraram em luta corporal, e ela acabou subjugada sob a ameaça de morte, momento em que os vizinhos acionaram a polícia. A droga potencializa comportamentos violentos, e seu efeito acabou por prejudicar o processo de negociação iniciado pelos policiais da área territorial. Seus recursos de conhecimento, técnicas e táticas ficaram aquém da necessidade para o caso, quando então decidiram pedir o apoio do GATE.

Optamos, em um primeiro momento, por fazer uma pausa no processo de negociação, uma vez que o efeito da droga no criminoso prejudicava o estabelecimento do *rapport*.

Rapport é uma técnica de ancoragem muito utilizada em processos de negociação. Tem por objetivo identificar na outra parte algo peculiar, que possa ser compartilhado pelos dois interlocutores ou que possa ser atrativo por atender interesses mútuos. Enfim, qualquer coisa que ajude a criar um mínimo de empatia entre as partes.

Por exemplo, em certa ocasião, estava no aeroporto e enquanto aguardava o meu voo procurei na livraria o setor de revistas especializadas em motociclismo. Procurava por uma publicação que pudesse trazer o teste ou as primeiras impressões sobre um novo modelo de motocicleta recém-lançado na Europa e que chegaria em breve ao Brasil. Não localizando o que queria, solicitei a ajuda de um vendedor. Um senhor ao meu lado percebeu o que acontecia e, quando consegui encontrar o que procurava, ele se aproximou e disse que aquele novo modelo era de fato surpreendente e que tivera oportunidade de testá-lo em recente viagem à Europa. Essa atitude propiciou uma aproximação entre nós e durante algum tempo ficamos conversando animadamente sobre aquele assunto que constituía um *hobby* de ambos. Podemos dizer que houve um *rapport* entre nós.

Outro bom exemplo pode ser visto na produção hollywoodiana *O Negociador*, estrelada por Samuel Jackson, em que há uma cena que ilustra bem o *rapport*. Um veterano de guerra com problemas psicológicos mantém uma garotinha como refém num quarto de apartamento e exige a presença da esposa, provavelmente, para matá-la, prometendo que com a chegada dela, ele libertaria a criança. O que se vê nessa cena, sob o ponto de vista tático, é muito questionável, mas como exemplo de *rapport* é perfeito. O negociador é informado sobre o perfil do criminoso: fica sabendo que era um atleta enquanto servia no Corpo de Fuzileiros Navais e seu esporte favorito era o futebol. Pede então para entrar no recinto para combinar a forma como a esposa poderia ser trazida, explicando que para isso precisava antes vistoriar o apartamento. O criminoso aceita a sugestão e permite o acesso do negociador, que logo ao entrar começa a puxar assunto, falando da temperatura ambiente e da brisa suave que circulava no apartamento e que aquela temperatura era ideal para jogar futebol.

O criminoso fica visivelmente feliz quando um assunto familiar é trazido pelo negociador, que para cativá-lo ainda mais se vale de outro *rapport*: uma "piada de caserna". E começa a contar a história de um marinheiro e um fuzileiro que estão urinando. O marinheiro percebe que o fuzileiro está saindo do banheiro sem lavar as mãos e provoca: "Na Marinha, depois de urinar, lavamos as mãos". Ao que o fuzileiro revida: "Nós, fuzileiros, não urinamos na mão" – frase que o criminoso fala junto com o negociador, alegremente estimulado pelas reminiscências de seu tempo de fuzileiro. Ponto para o negociador, num belo exemplo de *rapport*.

Voltando à ocorrência do ínico do capítulo, durante a pausa soubemos que o sujeito fora casado e tinha uma filha, fruto dessa união. Resolvemos então tentar localizar a ex-esposa para saber um pouco mais sobre o perfil do nosso homem. Quando a encontramos, ela nos revelou que havia se separado dele havia algum tempo, por dois motivos relacionados: ele era viciado em cocaína e, por isso, não conseguia se manter em nenhum emprego. Alegou que como marido era péssimo, mas era um pai exemplar, presente, que jamais havia visitado a filha sob o efeito de drogas. Acrescentou que o ex-marido nutria um verdadeiro amor pela menina, o que "mexia muito com ele". Essa conversa foi fundamental para definir estrategicamente nosso próximo passo.

Ao retornar ao local da crise, peguei um pedaço de papel e redigi uma carta, como se fosse a filha falando com o pai. Usando uma linguagem compatível com a de uma garotinha de cinco anos, escrevi uma carta em que a filha pedia ao pai para atender às orientações da polícia, que ela precisava muito dele e que, sobretudo, amava-o, não querendo que nada de ruim lhe acontecesse. Conhecendo um pouco melhor o criminoso e sua história, aproximei-me da porta, chamei-o pelo nome e iniciei uma conversa, já conduzindo para o lado da emoção e solicitando que ele pensasse melhor no que estava fazendo, que nada até então tinha acontecido de grave, uma vez que ninguém havia sido ferido e que o melhor a fazer era se entregar. Nesse momento usei a "bala de prata" que o contato com a ex-esposa havia me proporcionado: "Sua filha está muito preocupada com o que está acontecendo. Nós conversamos com ela e só posso lhe dizer que ela te ama demais. Ela não está aqui, mas se estivesse era isso que ela gostaria de estar lhe dizendo", e passei, por debaixo da porta, o bilhete que eu mesmo escrevera.

Quando acabou de ler o bilhete, comunicou que iria se entregar, largou a arma e saiu. A ocorrência terminou aí.

"O *rapport* seria uma das partes dos sete elementos a que nos referimos na escola de negociação de Harvard como *relacionamento*. É o equivalente a marcar um café de manhã no hotel de um americano com o qual você iria, mais tarde, negociar algo importante. Em um ambiente informal a conversa flui mais facilmente, e você acaba descobrindo que ele é um grande fã de mergulho, um esporte de que você também gosta muito, e que ele também gosta de comida japonesa. Ter algo em comum com o outro ajuda a conquistar credibilidade e facilita a comunicação. Ao conversar mais com ele, você acaba descobrindo que é do Texas e que, apesar de não ser muito religioso, os pais dele eram da igreja Batista. Essa informação pode ajudar a compreender melhor as raízes do outro e ajustar a sua comunicação." MB

3ª LIÇÃO
INFORMAÇÃO É FUNDAMENTAL

Como já foi dito, um bom negociador deve preencher dois pré-requisitos fundamentais para exercer a atividade: perfil e conhecimento técnico. E quando entra em ação, a primeira coisa com que se deve preocupar é obter a maior quantidade possível de informações sobre o alvo da operação.

As estratégias, técnicas, táticas e experiências que o negociador possui para enfrentar uma rodada de negociação só poderão ser ativadas com eficiência a partir de um somatório de informações de que dispuser sobre a outra parte e sobre o contexto. ▸

> “Recomendamos que na equipe de uma negociação de grande valor seja incluído um estrategista, cujas funções incluem busca e verificação de informações relevantes.” MB

Em *A Arte da Guerra*, do General Sun Tzu, encontramos uma interessante metáfora sobre a importância da informação no sucesso de uma negociação: “(...) o general que vence uma batalha fez muitos cálculos no seu templo antes de ter travado o combate (...) O chefe habilidoso conquista as tropas inimigas sem luta; toma as cidades sem submetê-las a cerco, derrota o reinado sem operações de campo muito extensas. Com as forças intactas, disputa o domínio do Império e, com isso, sem perder um soldado, sua vitória é completa”.

É a informação que favorece a obtenção do *rapport*, que possibilita um ponto de partida razoável e colabora para evitar a já mencionada dissonância cognitiva, que pode atrasar muito o processo e, no limite, inviabilizar a negociação. A coleta de informação é tão fundamental que, nas equipes de negociação policial, exceto o negociador principal e o secundário que o ajuda, o protege e o substitui em alguns casos, todos os outros membros da equipe têm como principal tarefa a coleta de dados sobre os criminosos, os reféns, o contexto da situação, de como se iniciou a ocorrência e outros que podem até ajudar a equipe tática, caso as coisas não avancem de forma pacífica. Nesse caso, são de extrema utilidade informações sobre o tipo de estrutura da edificação em que os criminosos estão refugiados, seus pontos de acesso, vulnerabilidades etc.

O mesmo princípio é válido nas negociações corporativas. Tanto melhores serão as possibilidades de sucesso quanto maior for o conhecimento sobre a outra parte, o contexto no qual ela está inserida, seus objetivos de curto, médio e longo prazo, o momento econômico e financeiro da empresa, sua capacidade de concorrência e outras pertinentes.

A informação é ferramenta indispensável para o exercício da persuasão. O professor Dr. Robert Cialdini, reconhecidamente um dos grandes estudiosos mundiais do poder da persuasão, estabelece seis princípios que considera universais e que resultarão em mais pessoas dizendo sim para você em mais ocasiões. São eles: reciprocidade, afinidade, coerência, escassez, autoridade e consenso.

Alguns deles têm uma ligação muito direta com a importância de possuir a informação a respeito da outra parte.

O princípio da afinidade baseia-se na ideia de que as pessoas preferem ser persuadidas por aqueles de quem elas gostam. Nesse caso, o professor Cialdini afirma que há menor risco de questionamento de uma ideia se ela vem de alguém pelo qual se tem apreço, seja por que com ela nos identificamos em termos de formação, atitudes, experiências e valores, seja por que ela manifesta claramente que tem apreço pelo interlocutor ou ainda por perceber esforços cooperativos da parte dele para atingir metas comuns. Conhecer profundamente a outra parte, portanto, dispondo-se da maior quantidade possível de informações sobre ela é certamente um pré-requisito para estabelecer a afinidade.

O princípio da escassez é outro no qual a necessidade de informação é imperativa. Segundo o professor Cialdini, há uma pré-disposição das pessoas a desejarem o que é escasso.

O não engajamento em uma negociação pode ser considerado uma forma máxima de escassez, pelo fato de não chegar a um acordo.

Ao dispor de informações gerais do mercado, da concorrência e de seus produtos, tem-se a possibilidade de enfatizar as prováveis vantagens raras, únicas, que a outra parte terá ao fazer negócios com você e não perder esses benefícios.

O princípio da autoridade também se afirma na quantidade e na qualidade das informações que o sustentam. Segundo o professor Cialdini, as pessoas tendem a acatar alguém a quem considerem bem-informados. Para ele o tipo mais eficaz de autoridade é o que tem fidedignidade, atributo resultante do conhecimento somado à confiabilidade.

"No mundo das ciências sociais, Roberto Caldini é reconhecido pelo seu papel pioneiro na arte de persuadir, algo muito importante nas negociações de reféns e em todas as negociações no mundo dos negócios. E, para isso, a informação é essencial.

Na gestão do processo de negociação identificamos cinco passos importantes: *preparar, criar, negociar, fechar* e *reconstruir*. O maior potencial de ganho está no *preparar*, quando buscamos e verificamos as informações necessárias para uma negociação efetiva. É nessa hora que preparamos a *proposta de valor*, que vai servir de referência em todas as etapas do processo. Para isso precisamos respostas para sete perguntas: 1. *O quê?* (nosso objetivo); 2. *Por quê?* (a necessidade atrás o objetivo); 3. *Quem são os interessados?* (nosso lado, o lado deles e o terceiro lado); 4. *Onde?*; 5. *Quando?* (quem tem mais tempo tem mais poder de barganha); 6. *Quanto?* (os preços e outros valores); e 7. *Como?* (os elementos de nossa estratégia)." MB

08 SÍLVIO SANTOS VEM AÍ

Fernando Dutra Pinto era um criminoso em início de "carreira". Teve sucesso nas primeiras empreitadas criminosas e não mais abandonou o mundo do crime. De temperamento megalomaníaco, porém, um dia entendeu que não se satisfazia mais com o resultado de crimes que lhe rendiam somas modestas em dinheiro. Decidiu então mudar de "especialidade" e partiu para o sequestro, escolhendo como vítima a filha caçula do apresentador Sílvio Santos.

A polícia foi acionada, e a Divisão Antissequestro entrou em cena no acompanhamento das negociações. O resgate exigido foi pago, e Patrícia, libertada.

Como é de praxe, mesmo após a libertação da vítima as investigações continuam, na tentativa de prender os criminosos, recuperar o dinheiro e diminuir a incidência dos delitos. Ao criminoso resta tentar se esconder. Mas Fernando não tinha muita experiência e deixava muitos rastros, que acabavam por fazer a polícia chegar cada vez mais perto.

Pressionado, Fernando cometeu vários erros. Tingiu os cabelos e se hospedou num hotel no centro de Alphaville, região nobre na área da Grande São Paulo. Sua presença no hotel levantou suspeitas, e a informação chegou à polícia. Mas, no afã de prendê-lo, os policiais civis da região não avisaram a Divisão Antissequestro e resolveram por conta própria prender o sequestrador. Não se sabe ao certo o que aconteceu naquela noite no hotel. O fato é que houve um confronto, e Fernando matou um investigador, feriu gravemente os outros dois e, mesmo atingido por um tiro nas nádegas, conseguiu fugir pela janela do alto do prédio, agarrando-se nas colunas até atingir o térreo na área externa e desaparecer, levando consigo a mala com o dinheiro.

A situação do sequestrador ficou mais complicada, e o empenho da polícia em capturá-lo aumentou muito. A pressão sobre ele estava insuportável. O senso comum e até a polícia acreditavam que ele iria se entregar em algum lugar público; talvez uma emissora de TV, na sede da OAB, em alguma igreja ou hospital. Mais uma vez o criminoso surpreendeu.

Na calada da noite, escondeu-se em um terreno vizinho à casa de Sílvio Santos, no bairro do Morumbi. No começo da manhã, quando colocava o lixo fora da casa, a empregada do apresentador foi rendida por Fernando, que invadiu a casa fazendo agora o próprio Sílvio Santos como refém.

A notícia se espalhou rapidamente, e quando a primeira viatura policial chegou ao local, a ocorrência já era notícia em âmbito nacional. Naquela manhã eu estava tendo aula no curso de Mestrado Profissional no Centro de Estudos Superiores da Polícia Militar, quando recebi uma ligação do Comandante Geral da Polícia Militar, que já estava no local e atuava como negociador. Não é o caso de entrar nos detalhes de equívocos conceituais e operacionais cometidos até aquele momento. O fato é que precisavam ser corrigidos.

Ao chegar ao local, como era de se esperar, devido à presença do Comandante Geral boa parte do seu Estado-Maior estava presente, além de policiais de área, assessores do Palácio dos Bandeirantes, que ficava próximo, ou seja, muita gente dentro da residência. E dentro de um quarto que parecia uma despensa, Sílvio Santos permanecia subjugado por um criminoso armado com duas pistolas, ferido e sabendo que era mau negócio chegar famoso na cadeia.

Tudo indicava que Fernando não havia retornado à casa com o propósito de cometer um crime mais grave, mas de se entregar com segurança. Mas, não custa repetir, o bom estrategista trabalha priorizando o cenário pessimista. Assim, para começar era preciso diminuir o excesso de pessoas no local. O Estado-Maior do Comando era composto por várias autoridades hierarquicamente superiores a mim, mas não hesitei em dirigir-me discretamente ao comandante para expor-lhe a gravidade da situação e fazê-lo concluir que no teatro de operações deveria permanecer apenas, com o mínimo de exceções possível, a equipe encarregada nas negociações, ou seja, o GATE. Imediatamente o comandante, à moda cavalariana — com um pragmatismo quase rude — deu as ordens necessárias, e pudemos então trabalhar em paz. O que resultou, sem mais delongas, na rendição do sequestrador e na libertação de Silvio Santos.

"Este livro não seria completo sem a referência ao caso de Fernando Dutra Pinto, assistido por todos pela televisão. É uma historia digna de *Bonnie and **Clyde***, um casal criminoso dos anos 1930 nos EUA, cujas aventuras acabaram se transformando num filme famoso em 1967. Fernando, como Bonnie e Clyde, conseguiu escapar dos policiais de forma dramática; mas, diferentemente do casal famoso, reconheceu que suas alternativas eram péssimas e, assim, decidiu se entregar. Para isso, escolheu a alternativa arriscada de sequestrar o próprio Silvio Santos. Felizmente para ele, o Lucca foi chamado e conseguiu assumir o processo, afirmando o primeiro princípio da negociação em equipe: deve haver apenas um negociador. Assim, Lucca conseguiu conquistar a confiança de Fernando para que entregasse as armas e liberasse o refém." MB

4ª LIÇÃO
ORGANIZAR O LOCAL

Não é por acaso que uma das primeiras medidas a serem adotadas em qualquer situação de crise é o isolamento do local.

Imagine uma crise representada por um engavetamento envolvendo vários veículos em uma rodovia. O local fica caótico. A primeira providência que a polícia adota ao chegar é sinalizar a área e providenciar seu isolamento, com o objetivo de evitar o agravamento da situação com a ocorrência de um novo acidente.

Em uma ocorrência com refém, o objetivo de isolar a área é diminuir os pontos de atenção do criminoso, de modo a fazê-lo concentrar-se naquilo que o negociador está estabelecendo com ele. Assim, organizar o local significa, em sentido amplo, criar as condições mais satisfatórias possíveis à implementação das técnicas, táticas e estratégias de negociação.

O mesmo se aplica ao mundo corporativo. É preciso ter bastante clara essa noção de organização do local, para que o processo de negociação seja bem-conduzido.

Certa vez, presenciei uma situação que exemplifica esse contexto no mundo dos negócios.

O presidente de um banco internacional com sede no Brasil solicitou à secretária a reserva de uma sala para uma reunião que aconteceria ali no prédio do banco. A presidência e a alta diretoria da empresa ocupavam o terceiro andar do prédio e, além de suas respectivas salas, havia duas salas de reuniões, sendo que a principal era maior, mais confortável e tinha uma mesa retangular para doze pessoas. A sala secundária era menos luxuosa, menor e dispunha de uma mesa redonda para apenas seis pessoas. A secretária foi instruída a reservar a sala menor, pois seriam recebidos apenas dois executivos de outras empresas. O pedido do presidente não continha nenhuma informação adicional.

Ao entrar no sistema para reservar a sala menor, a secretária descobriu que já havia uma reserva, solicitada por um diretor, mas a sala principal estava disponível. Resolveu então pedir a principal, achando até que o presidente ia ficar satisfeito porque, afinal, era um espaço maior e mais confortável. Nem se deu ao trabalho de avisar seu gestor.

No dia e hora do encontro a prestativa secretária tratou de acomodar os visitantes na mesa retangular da sala principal. Informado de que tudo estava pronto o presidente dirigia-se à sala menor quando a auxiliar, com ar satisfeito, explicou que a reunião se realizaria no outro espaço. Não chegou ao fim da explicação, interrompida por uma enorme bronca do presidente, que ordenou, enfurecido, que a troca de salas fosse imediatamente desfeita, mesmo sabendo que na menor a reunião já estava em andamento.

Havia uma forte razão, que a secretária obviamente ignorava, para o presidente exigir que a reunião se realizasse na sala menor. Ele pretendia, criar um clima amistoso e colocar-se em situação formal de igualdade com os visitantes. Para isso, o local deveria estar organizado de modo a que todos se sentassem ao redor de uma mesa redonda, sem cabeceira, o lugar normalmente reservado para o presidente.

Outra situação que também exemplifica a importância de organizar o local, neste caso sem entrar no mérito das melhores práticas de negociação, em particular a negociação baseada em princípios, ocorreu em uma filial brasileira de uma empresa norte-americana. Tratava-se de uma empresa da área alimentícia e os empresários brasileiros, responsáveis pela filial, montaram a fábrica de alimentos dentro dos padrões da matriz, mas foram aperfeiçoando seus métodos e processos e começaram a produzir resultados bastante significativos, a ponto de ultrapassar em muito as expectativas dos executivos da matriz. Além disso, a equipe brasileira começou a inovar, desenvolvendo uma nova linha de produtos e a criação de temperos que foram muito bem-recebidos no mercado americano e também em outros países importadores desses produtos.

Nesse cenário, a filial brasileira ultrapassou o limite do agrado e ingressou no perigoso território da ameaça futura. Certamente sentindo-se ameaçados de perder o controle sobre a filial, os americanos começaram a emitir sinais de que pretendiam rever os termos contratuais da sociedade, promovendo um aporte de capital que resultaria na quebra do equilíbrio de poder sobre a filial entre sócios daqui e de lá, permitindo aos americanos maior controle sobre as operações no Brasil.

Intuindo a manobra, os brasileiros se prepararam para o contra-ataque, planejando cuidadosamente uma "operação psicológica" destinada a mostrar que o "território de combate" seria inóspito para os visitantes.

Agendou-se uma reunião aqui no Brasil, em pleno verão. A operação já começou no aeroporto, quando carros sem ar-condicionado foram destinados ao transporte dos visitantes, recém-chegados do rigoroso inverno nos EUA, até a cidade no interior de São Paulo onde o encontro seria realizado. Antes da reunião houve uma visita à fábrica, na qual se dedicou um bom tempo à área em que sobras de alimentos eram transformadas em ração animal, onde o ar estava permanentemente impregnado de odores extremamente desagradáveis Em seguida, num rápido *coffee brake* foram servidos sucos sem gelo e salgadinhos gordurosos. Só então todos se dirigiram à sala de reunião, convenientemente desprovida de refrigeração. E então, com os americanos suando em bicas, começaram a ser discutidas as questões contratuais.

A ideia dessa "organização de local" com sinal trocado era criar para os visitantes um desconforto que se traduzisse em alguma vantagem competitiva para os negociadores brasileiros.

É claro que, nessas circunstâncias, a negociação baseada em princípios foi colocada de lado. A atitude de ataque dos empresários brasileiros gerou uma forte defensiva dos americanos, o processo foi interrompido e mais tarde eu soube que nada foi alcançado, tendo a empresa deixado de atuar no segmento e descontinuado a produção. Hoje ela não mais existe no Brasil.

“*'Onde?'* é uma das sete perguntas clássicas na preparação de uma proposta de valor e, por isso, o local da negociação é importante. Alguns preferem o seu próprio escritório, onde pensam que podem controlar o ambiente. Outros preferem o local do outro para poder coletar mais informações sobre o outro lado. E alguns procuram usar o local como uma tática de pressão. Sobre isso digamos que quem pensa que o outro é *burro*, é burro ele próprio. Na maioria dos casos no mundo de negócios, táticas de pressão são logo vistas exatamente dessa forma. Rendem desrespeito em vez de respeito para quem escolhe usá-las de forma leviana." MB

09 NEGOCIAÇÃO – A FASE DO "EU QUERO"

Conforme já foi dito, um criminoso só faz refém quando, por algum motivo, as coisas não aconteceram como planejadas.

A fuga acaba se tornando difícil, por falha de planejamento dos próprios criminosos ou pela eficiência da polícia que faz o cerco do local. Nessas condições, o criminoso, temendo o enfrentamento, faz reféns para, em princípio, garantir a própria vida.

Salvar a pele é o grande objetivo dos criminosos quando uma fuga é frustrada. Mas há um fenômeno muito comum nessa hora.

Para entendê-lo é preciso ter noção de que a vida de um marginal não é fácil. Ao optar pelo caminho do crime, em geral sem volta, ele passa a viver em estado de tensão e alerta máximo permanente. Mesmo uma ação bem-sucedida não significa necessariamente que daí para frente ele possa levar uma vida normal.

Analisemos, por exemplo, o caso de um criminoso que resolve roubar um relógio de pulso muito valioso. No momento em que toma a decisão, roubar o relógio significa a solução de um problema. Mas, consumado o roubo, a posse desse objeto de valor passa a se constituir ela própria um outro problema. O ladrão, a não ser que seja completamente desmiolado, não vai poder desfilar por aí, fora de seu restrito círculo de marginais, ostentando no pulso um relógio escandalosamente acima de suas posses. Será olhado, no mínimo, com desconfiança. Por isso mesmo, o que faz habitualmente nesses casos é tentar resolver outro problema: encontrar o mais depressa possível um receptador que transforme o relógio em dinheiro vivo.

Outro exemplo, aparentemente muito diverso do anterior, mas que guarda em relação a ele uma grande semelhança comportamental, é o de uma mulher que compra, digamos, uma bolsa falsificada de uma marca importante.

Para ilustrar melhor esse exemplo cabe narrar a surpreendente entrevista concedida pelo proprietário da badaladíssima marca Louis Vuitton a respeito da falsificação de produtos de luxo colocadas no mercado a preços muito inferiores aos dos originais. À primeira pergunta da repórter que o entrevistava, o industrial afirmou que esse era um problema que absolutamente não o preocupava. E acrescentou que muitas falsificações são de excelente qualidade, e às vezes ele próprio tem dificuldade para distingui-las dos produtos originais. Ao perceber que a entrevistadora estava confusa, sem entender sua tranquilidade diante de uma prática obviamente prejudicial a seu negócio, ele se dispôs a explicar, começando com uma pergunta: "Qual é a primeira coisa que uma mulher com uma bolsa falsificada faz ao sentar-se num restaurante?".

A repórter respondeu que não sabia, e o homem explicou: "Ela tende a se comportar discretamente, escondendo a bolsa". Por quê? Porque naquele ambiente ela sabe, em primeiro lugar, que é perfeitamente possível alguém familiarizado com a marca desconfiar da falsificação. Mas porque ela sabe também que não ostenta os demais símbolos de status compatíveis com a posse de uma bolsa Louis Vuitton: roupas, sapatos, joias etc. E diante da aparente perplexidade da jornalista, o homem conclui: para definir o status de uma pessoa não é um ou outro acessório que faz diferença. É, na verdade, a própria pessoa. Quem possui condição financeira para o nível de consumo de produtos de luxo normalmente não ostenta apenas um, mas um conjunto deles.

Voltando ao criminoso, repete-se com ele, como se verá, o mesmo fenômeno psicológico. Embora o desejo inicial seja sair vivo, quando percebe todo o aparato que o cerca, polícia, imprensa e tudo o mais, ele tende a se sentir importante, valorizado, até porque sabe que naquele momento tem o poder de vida e morte sobre seus reféns. Diante desse novo cenário, o criminoso esquece sua necessidade essencial, prioritária, que é sobreviver, e passa a ter desejos completamente irreais nas circunstâncias.

No processo de negociação é preciso distinguir desejo de necessidade. Desejos geralmente são, nas circunstâncias, meros caprichos megalômanos que não contribuem para o processo que objetiva um bom acordo. Já a verdadeira necessidade — no caso, a de sobrevivência — é absolutamente relevante para que o entendimento entre as partes chegue a bom termo, e por isso deve ser diligentemente trabalhada durante toda a negociação.

Quando, o que é muito frequente, surge no criminoso essa explosão de desejos insensatos que logo se transformam em exigências — armas, munição, coletes balísticos, dinheiro, carro ou helicóptero para fuga — entra-se na fase das negociações que a doutrina denomina fase do "eu quero".

O bom negociador sabe que essa fase do "eu quero" não passa de uma "bolha ilusória" que o criminoso criou e sabe também que tem que se manter irredutível, até porque uma crise jamais deve ser agravada por um ato da própria polícia. Em outras palavras, se em uma crise há vidas em risco, ao franquear um carro ou um helicóptero para a fuga, a polícia estará colocando em risco muitas outras vidas. O negociador, portanto, nunca pode ceder nesses casos.

O que fazer, então? Cabe ao negociador tentar ressignificar essa questão junto ao criminoso. Mas como? Assegurando, diretamente, sem rodeios, que não vai ceder a nenhuma exigência, estando disposto a oferecer-lhe apenas a prisão?

Se agir dessa maneira, o negociador vai provocar uma queda significativa da expectativa inflada pela fase do "eu quero" experimentada naquele momento. Em geral, o resultado dessa opção não costuma ser satisfatório.

O objetivo de uma negociação é construir uma relação que leve o criminoso, no final da ocorrência, a acreditar que fez um bom negócio. A rigor, ele só tem duas opções: ir para a cadeia ou para o cemitério. É nesse ponto que reside a dificuldade de um negociador policial: convencer o criminoso de que a prisão é a melhor opção possível para ele. Mas jamais conseguirá isso se for direto ao ponto. É necessário saber trilhar os caminhos sinuosos da persuasão, o que implica aprender mais uma lição: aprender a ouvir.

"Uma das considerações de toda negociação é como fazer a primeira proposta, a chamada 'âncora da negociação' e, de fato, se essa proposta deve ancorar a negociação. Nos casos de Lucca era comum que o criminoso iniciasse ancorando com demandas irrealistas de 'eu quero'. É comum ouvir a mesma coisa no mundo dos negócios. Uma reação usual à colocação de uma âncora considerada irrealista é a de contrapropor de forma igualmente irrealista. O problema com isso é que a distância entre os dois valores é tão grande que obriga as partes a cederem muito para encontrar um acordo, o que dificulta a negociação, podendo inclusive prejudicar a credibilidade das partes. Uma alternativa para quem está recebendo uma proposta que considera exagerada é perguntar de onde vem o valor, assim abrindo a oportunidade de discutir a legitimidade da proposta. Outra tática é simplesmente ignorar a proposta e continuar discutindo o caso em geral." MB

5ª LIÇÃO
APRENDA A OUVIR

Saber ouvir é uma virtude pouco desenvolvida na maioria das pessoas. É possível inferir que, talvez, o período no qual uma pessoa mais exercite essa capacidade seja quando, ainda criança, não domina a fala.

Até o primeiro ano de idade, por motivos óbvios, uma criança interage com o ambiente predominantemente com outros sentidos e não com a fala que, na sua expressão máxima, se limita a sons ininteligíveis. A partir do primeiro ano surgem os primeiros sinais mais concretos da linguagem oral e isso vai se desenvolvendo muito rapidamente até que, em curto período, a fala se faz presente. A partir daí começa uma predominância absoluta da fala, que acaba sobrepujando a capacidade de ouvir. Muitos conflitos no relacionamento humano são causados pela falta de desenvolvimento da capacidade de ouvir.

Aprender a ouvir deve ser entendido em sentido amplo. Trata-se de ouvir de forma mais abrangente, de maneira interpretativa. No exemplo citado anteriormente, relativo à fase do "eu quero" em uma ocorrência com refém, um bom negociador não se afoba diante dos desejos extravagantes do criminoso. Tendo desenvolvido a capacidade de ouvir, ele saberá como lidar com a questão sem provocar uma queda abrupta daquela expectativa que, embora ilusória no plano real, é concreta aos olhos do criminoso naquele momento. Um bom negociador saberá como, de modo progressivo, desfazer essa "bolha ilusória" de modo que o criminoso entre em contato novamente com a realidade dos fatos e, em particular, com a sua necessidade inicial, esta sim legítima, de ter sua própria vida preservada, motivo pelo qual se transformou em um tomador de reféns.

Ao exercitar a virtude de saber ouvir nos afastamos do risco de usar a palavra *não*, que surge quando tendemos a nos concentrar, por força do nosso próprio egoísmo, em nossas próprias verdades. Assim, quando somos confrontados, tendemos a agir emocionalmente.

A palavra *egoísmo*, nesse contexto, não tem o caráter pejorativo muitas vezes predominante no senso comum, mas somente o sentido de valorizar os nossos interesses em prejuízo dos interesses da outra parte. Num processo de negociação é imprescindível estar atento aos interesses da outra parte, reconhecer que eles existem e são muitas vezes legítimos. Da mesma forma como tendemos a revidar quando nossos interesses egoísticos são atingidos, a outra parte também reagirá negativamente se sentir o mesmo. E isso não ajuda em nada a intenção de desenvolver uma negociação bem-sucedida.

É preciso, portanto, entender e aceitar que todas as pessoas são egoístas, embora haja quem acredite que apenas metade da humanidade o seja, pois os outros 50% são hipócritas.

O escritor Rubem Alves, em sua obra *O amor que acende a lua* retrata bem a importância do saber ouvir: "O que as pessoas mais desejam é alguém que as escute de maneira calma e tranquila, em silêncio, sem dar conselhos, sem que digam: se eu fosse você... A gente ama não a pessoa que fala bonito, mas sim, a pessoa que escuta bonito. A fala só é bonita quando nasce de uma longa e silenciosa escuta. É na escuta que o amor começa. É na não escuta que ele termina".

Desenvolver a capacidade de aprender a ouvir facilita também a calibração e a ancoragem da outra parte envolvida em um processo de negociação.

Calibrar é perceber a outra pessoa em uma comunicação não verbal por meio dos sinais, de suas expressões de modo a ter revelado o seu estado de espírito no momento.

Ancorar é se conectar a outra pessoa de modo a provocar um padrão de comportamento esperado. Uma ancoragem pode ocorrer com um gesto, um olhar, um sorriso, uma palavra ou até mesmo com um toque.

O texto de Rubem Alves ilustra bem o que hoje é comumente conhecido como escuta ativa, que nada mais é do que ver a outra parte como um sujeito da relação e nunca como um objeto. É comportar-se de uma maneira na qual a outra parte, além de se sentir sujeito na relação, também se sinta importante, a ponto de apreciar essa receptividade que lhe é oferecida.

Cabe ainda observar que um bom negociador conhece o potencial de perigo da palavra *não*, da linguagem negativa. Ela tende quase sempre a provocar um efeito contrário ao pretendido. Por exemplo, se dizemos para alguém não pensar num elefante, inevitavelmente a imagem de um elefante surgirá na mente dessa pessoa. Ou, se pedimos para alguém não ficar nervoso, o que provavelmente acontecerá é esse alguém ficar ainda mais tenso, em vez de calmo.

O recomendável, portanto, principalmente numa negociação, é usar sempre a linguagem afirmativa, que tem sentido positivo, conforme os exemplos do quadro a seguir:

LINGUAGEM NEGATIVA	LINGUAGEM AFIRMATIVA
Não use o elevador em caso de incêndio.	Em caso de incêndio use as escadas.
Não entre sem limpar os pés.	Limpe os pés antes de entrar.
Não pense em desistir.	Pense em continuar.
Não perca tempo.	Aproveite bem o tempo.

Ainda no sentido de evitar ao máximo a linguagem negativa, o mesmo cuidado se deve ter com as conjunções "mas", que sempre que possível deve ser substituída por "e". Quando se interligam duas sentenças com a conjunção "mas", a segunda, que é negativa, ganha destaque e acaba produzindo estranhamento no interlocutor. Quando o "mas" é substituído por "e", minimiza-se a conotação negativa da frase. Por exemplo:

A meta foi alcançada, mas a margem de lucro foi menor.	A meta foi alcançada, e a margem de lucro foi menor.

"O *não* é um boomerang. Se você jogar uma negativa, a negativa voltará para você. A frase 'dois ouvidos e uma boca' quer dizer: escute duas vezes mais do que fala. Esse é um bom conselho, mas muito mais falado do que seguido. Há dezenas de táticas de diálogo e de comunicação corporal que podem ser citados, mas no fundo é uma questão de atitude e da disposição de fazer perguntas inteligentes. Uma pergunta bem-construída pode ser a arma mais poderosa da persuasão numa negociação, particularmente quando o outro não está querendo ouvir ou não para de falar." MB

10 OPERAÇÃO FEBEM FRANCO DA ROCHA

Era um domingo, dia de visita na antiga Febem de Franco da Rocha, quando grupos de menores internos, cumprindo medidas punitivas com restrição da liberdade, desentenderam-se e rebelaram-se gerando uma crise na instalação.

Ocorrências em presídios são sempre muito complexas, mas quando se trata de prisão para menores de idade a situação é ainda pior. Uma característica muito singular desse tipo de estabelecimento é que entre os jovens há sempre várias lideranças, enquanto em um presídio para adultos costuma haver apenas uma, reconhecida por todos e inquestionável.

Naquele dia, a crise não foi debelada logo no início e rapidamente atingiu uma dimensão que obrigou o acionamento da Polícia Militar da região para a primeira intervenção. O desespero dos pais e parentes agravou ainda mais a dimensão do episódio e foi necessário então convocar o GATE.

Os menores não fizeram reféns, mas dominaram completamente o presídio e expulsaram da parte interna e de controle restrito os funcionários que ali trabalhavam. Para garantir esse domínio, bloquearam totalmente a entrada com uma barricada feita com móveis e outros objetos e, para complicar ainda mais, atearam fogo nesse bloqueio, impossibilitando o acesso pelo portão de entrada.

Quando chegamos ao local adotamos imediatamente as medidas iniciais de coleta de informações, estabelecimento do posto de comando, organização do local e outras suplementares, e preparei-me para estabelecer o primeiro contato.

Com a entrada principal bloqueada, tive que me valer de uma escada para, da parte externa, acessar o alto da muralha, de onde eu poderia ter acesso visual ao grupo rebelado, tentar uma primeira comunicação e então dar início ao processo de negociação para restabelecer a ordem no local.

Quando atingi o alto da muralha consegui visualizá-los no pátio e constatei a existência de alguns grupos reunidos e de vários menores que perambulavam isoladamente. Todos notaram imediatamente a minha presença, o que gerou um visível nervosismo. Na tentativa de diminuir a tensão, apresentei-me e iniciei uma conversa com um pequeno grupo com o qual a troca de olhares havia parecido mais promissora.

Basicamente, minha estratégia foi transmitir àquele pequeno grupo a angústia dos familiares que estavam do lado de fora, preocupados com a situação. Propus então que eles voltassem para as celas e não hostilizassem o pessoal do Corpo de Bombeiros que iria apagar o fogo da barricada e removê-la, de modo a possibilitar a reentrada dos funcionários no recinto e, aos poucos, restabelecer a normalidade do local.

Mal estava acabando de expor esse raciocínio quando um segundo grupo, com outra liderança, começou a se comunicar comigo, inicialmente de forma agressiva, mas que aos poucos foi se acalmando. O primeiro grupo passou então a apenas observar a conversa.

Parecia que as coisas estavam indo bem quando um terceiro grupo, com uma outra liderança, passou a se manifestar, nitidamente querendo sobrepujar os demais sem, contudo, apresentar alguma ideia que não tivesse sido discutida anteriormente. Foi nesse instante que cometi um erro. Na intenção de colocar um mínimo de ordem no tumulto, usei uma expressão da qual iria me arrepender: "Aí, moçada, desse jeito não vai dar!"

Há quem diga que três coisas não voltam atrás: a palavra falada, a flecha lançada e a oportunudade perdida. Se eu pudesse voltar atrás...

A reação dos jovens foi péssima: começaram a me apedrejar. Não me restou alternativa se não descer rapidamente pela escada e me proteger das pedras mantendo o corpo encostado na parede externa da muralha. Não entendi o que havia acontecido, mas percebi um certo constrangimento do diretor do presídio, que me fez um sinal de que queria conversar comigo em particular.

Terminada a chuva de pedras pude me aproximar dele para manter o seguinte e, para mim, surpreendente diálogo:

– Comandante, o senhor falou uma palavra que não podia falar.

– Que palavra?

– O senhor disse "moçada" que para eles significa um grupo de moças e por isso se revoltaram. Melhor teria sido falar "rapaziada".

Assim, ainda que perplexo com o que julgava ser um detalhe banal, dirigi-me novamente à escada, subi os degraus e, ao alcançar novamente a muralha disse-lhes:

–Aí. rapaziada, podemos conversar novamente?.

Por incrível que possa parecer todos acolheram a nova abordagem e assumiram uma atitude que tinha um sentido duplo: aceitação de um pedido de desculpas e permissão para continuarmos as tratativas.

Com esse novo cenário, a negociação foi retomada e em pouco tempo a ordem foi restabelecida. E acabei aprendendo definivamente mais uma importante lição: tentar pensar com a cabeça do outro.

"No livro clássico de Roger Fisher e William Ury, *Como Chegar ao Sim*, três barreiras à comunicação são citadas: quando as partes não estão falando (exemplo de Israel com o Hamas), quando as partes não estão ouvindo e quando há mal-entendidos. O caso da Febem faz parte do terceiro tipo, o mal-entendido, e é muito comum nas negociações no mundo empresarial. *Tentar pensar com a cabeça do outro*, mantendo a sua, é um ótimo conselho. Mas, entre Rio Grande do Sul e Roraima há muitas cabeças, sem considerar os coreanos, suíços e canadenses. Como um conselho geral, sugerimos que o leitor pratique a dica anterior — 'dois ouvidos e uma boca' — e pense na pergunta mais do que na declaração." MB

6ª LIÇÃO
APRENDA A PENSAR COM A CABEÇA DO OUTRO

Aprender a pensar com a cabeça do outro se consegue, no limite, a partir de um trabalho bem-realizado de coleta de informações a ponto de que, conhecendo os princípios e valores da outra parte e também sua maneira de interpretar e se relacionar com o mundo, sejamos capazes de projetar seu pensamento.

O fato é que todos nós tendemos a gostar de uma espécie de espelhamento, ou seja, identificamo-nos mais facilmente com pessoas que compartilham os mesmos princípios e valores que costumamos adotar em nossas vidas. Dessa forma, quando somos levados por essa tendência e não consideramos a possibilidade da existência de outros pontos de vista, acabamos por tornar bastante perigoso nosso comportamento num processo de negociação, elevando o risco de gerar um não engajamento ou uma ruptura.

A filosofia é uma fonte rica para o melhor entendimento de como confiar apenas nos nossos sentidos pode nos conduzir a um caminho pouco seguro.

René Descartes em sua obra, *Discurso do Método*, faz alusão à dificuldade que temos de valorar o pensamento dos outros. Inicialmente, Descartes trata da questão do bom senso. Afirma o filósofo francês que há a crença de que todas as pessoas tendem a se considerar providas de bom senso a ponto de não necessitarem possuir nada além do que já possuem.

Afirma Descartes: "O bom senso é a coisa do mundo mais bem-distribuída, porquanto cada um acredita estar tão bem provido dele que, mesmo aqueles que são os mais difíceis de se contentar em qualquer outra coisa, não costumam desejar tê-lo mais do que já têm".

Fica claro certo tom irônico do pensador, que questiona essa existência generalizada de bom senso. Mas, paradoxalmente, Descartes afirma que é improvável, por outro lado, que todas as pessoas estejam equivocadas. Ou seja, não se trata de algumas pessoas serem mais racionais que outras, pois a capacidade de julgar e discernir entre o certo e o errado é igual entre os homens. O que ocorre é que existem valores, considerações e caminhos distintos e é por isso que surgem posicionamentos de juízos diferenciados. Daí é que emerge a importância de "não basta ter o espírito bom, é preciso aplicá-lo bem".

Nesse sentido, Descartes admite que esses juízos diferenciados existem porque são assimilados de forma distinta entre os povos: o que alguns aceitam, outros julgam ridículo ou extravagante.

Ainda que de forma simplista, esse raciocínio pode ser ilustrado pela hipótese imaginária de dois povos, em diferentes países, terem o hábito de utilizar óculos de lentes com cores diferentes. Assim, no país Alfa, em que se utilizam óculos com lentes alaranjadas, tudo será visto com esse tom laranja – e será uma percepção verdadeira. Já o povo do país Beta, que utiliza óculos com lentes esverdeadas, perceberá as coisas com essa coloração, o que também será uma percepção verdadeira.

Dessa percepção surge outro aspecto importante dessa primeira parte do *Discurso do Método*, na qual Descartes explica ter aprendido a "não acreditar com demasiada convicção em nada do que haja sido inculcado em nossa mente só pelo exemplo e pelo hábito". E acrescenta: "Dessa maneira, pouco a pouco, livrei-me de muitos enganos que ofuscam a nossa razão e nos tornam menos capazes de ouvi-la".

Do ensinamento cartesiano de que é preciso evitar conjecturas e partir em busca de evidências, infere-se que não se deve, a partir de ideias pré-concebidas e sem considerar a possibilidade da existência de outras ideias, julgar antes de haver encontrado a evidência. Em outras palavras, é preciso evitar a precipitação consistente em julgar sem a devida fundamentação, antes que o entendimento tenha chegado a uma completa evidência.

Nesse particular, evitar a precipitação consiste em não ter confiança excessiva nos nossos recursos intelectuais; não tentar, por temor ao esforço, adivinhar ao acaso as conclusões mais difíceis; não julgar aleatoriamente aquilo que não conhecemos e não ter pressa no exame das questões.

Tudo isso pode ser evitado por meio de uma atitude circunspectiva, que representa um freio compatível com a virtude da prudência.

Outro erro comum é cairmos na armadilha de aceitar acriticamente, de modo especial, as impressões consolidadas em nossa mente como verdades absolutas, principalmente durante a infância, impressões difíceis de esquecer e em relação às quais tendemos a nos acomodar por meio do artifício da racionalização.

A única forma de minimizarmos esse equívoco é por meio da dúvida metódica, pelo questionamento permanente de nossos julgamentos.

Isso é enfatizado por Descartes quando afirma que o melhor a fazer, mesmo em relação às convicções que convergem com as dele próprio, "seria dispor-me, de uma vez para sempre, a retirar-lhes essa confiança, para substituí-las em seguida por outras melhores, ou então pelas mesmas após havê-las ajustado no nível da razão".

Descartes admite que, embora não seja tarefa fácil, tampouco é impossível questionar paradigmas solidamente alicerçados e não questionados na tenra idade. Mesmo que muitos desses paradigmas tenham sido polidos pelo tempo, de modo a acomodá-los numa zona de conforto da qual certamente não poderão ser retirados sem algum sentimento de mal-estar.

Na verdade, concede o pensador francês, "são bem mais os costumes e o exemplo que nos convencem, do que qualquer conhecimento correto".

No *Discurso do Método*, Descartes discorre também sobre a percepção da verdade comum, aquela que é aceita nos costumes.

Espera-se que os costumes sejam seguidos, porém as verdades contidas nesses costumes podem ser postas em dúvida. Assim, parece prudente não admiti-las como absolutas e então investigar qualquer indício que possa macular o ideal de existência de qualquer verdade absoluta: o de ser incontestável.

Tal posicionamento decorre de que os costumes são originados do raciocínio dos homens, e admite-se a possibilidade de os homens se equivocarem em seus raciocínios. Assim percebe-se a sutileza de Descartes quando enfatiza a prudência que se deve ter na interpretação "das verdades do mundo". Talvez seja esse o principal motivo pelo qual tenha criado aquilo que denominou "moral provisória" como forma de reutilizar a verdade, admitindo certa evolução do conhecimento e das ciências.

Em síntese: considere sempre, caro leitor, a possibilidade de pontos de vista divergentes do seu.

"Entender melhor a posição do outro é o primeiro passo para entender os *interesses* do outro lado, não as posições tomadas, mas o porquê da demanda, daquela necessidade que não é explicitada, mas que pode ser a chave de uma solução melhor para todos os envolvidos. Para isso precisamos estar sempre prontos a questionar tudo o que pensamos, o que sabemos sobre o outro, os seus motivos e os seus desejos. É muito fácil ter suposições errôneas sobre as outras pessoas, seus motivos, seus valores (ou falta de) e até a inteligência do outro. Na Venezuela existe uma expressão: 'cara de bobo vale milhão'." MB

11 COM OS BANDIDOS NA MEGARREBELIÃO

Os primeiros registros da facção criminosa que atua dentro e fora dos presídios em São Paulo são de 1993. Essa organização de meliantes foi criada, em um primeiro momento, com o objetivo de pleitear melhores condições para o cumprimento da pena nos presídios de São Paulo. Mas houve um desvirtuamento dessa pretensão inicial, e a facção começou a alavancar, de dentro dos presídios, seus negócios ilícitos. De início, o poder público deu pouca importância a esse problema. Progressivamente, porém, o poder da facção foi sendo ampliado e inúmeras vezes demonstrado por meio de rebeliões, principalmente a partir de 1999, quando esse grupo já dispunha de poder econômico e organização capazes de confrontar seriamente o aparato estatal.

No dia 18 de fevereiro de 2001 a facção criminosa promoveu algo sem precedentes na história do sistema carcerário no Brasil e no mundo: os presos se rebelaram, simultaneamente, em 29 unidades prisionais do Estado de São Paulo, enquanto nas ruas pipocaram ações isoladas e furtivas de caráter terrorista contra quartéis, delegacias e outras repartições públicas.

Dada a gravidade da situação, as autoridades paulistas responsáveis pela Segurança Pública determinaram que as polícias interviessem imediatamente a fim de reestabelecer a ordem dentro dos presídios rebelados.

Na cidade de São Paulo, presos se amotinaram na antiga Casa de Detenção e na Penitenciária do Estado. Embora toda a imprensa e autoridades, sobretudo políticos, estivessem com o olhar atento à Casa de Detenção de São Paulo, até por conta do "massacre" ali ocorrido nove anos antes, coube ao GATE fazer a intervenção na Penitenciária do Estado, local mais crítico, onde estavam concentrados os presos líderes da facção criminosa.

A Penitenciária sempre foi um presídio mais controlado quando comparado com a Casa de Detenção, uma vez que àquela época esta última abrigava uma população três vezes maior do que a daquela. A razão dessa diferença é que, como o nome indica, uma penitenciária é destinada a presos sentenciados, cumprindo pena, enquanto numa casa de detenção são mantidos, na condição de detidos, indivíduos que estão à espera de julgamento. Consequentemente, o movimento de entra-e-sai de prisioneiros numa casa de detenção, cadeia pública ou instituição similar é sempre muito maior do que em penitenciárias, o que agrava a dificuldade de controle sobre a população encarcerada.

Invadir a Penitenciária era a nossa missão, consideravelmente complicada pelo fato de que os rebeldes haviam feito reféns centenas de visitantes, inclusive mulheres e crianças, assim como funcionários da instalação. Era um dado que obviamente precisava ser levado em conta no planejamento da operação

Ao receber a autorização para invadir, deparamos com a necessidade de explodir as grades dos portões de entrada, empenadas pelos presos para impedir o acesso. Ao entrar, cometemos dois erros significativos. Como se tratava de um local muito controlado — e também baseados em situações anteriores — , nosso primeiro erro foi o de não imaginar a possibilidade de existirem armas de fogo em poder dos rebelados, mas somente, como é comum, facas, barras de ferro e outros objetos considerados armas brancas.

O segundo erro foi a invasão ter sido feita por uma equipe tática composta por dez homens protegidos por um único escudo. Um escudo normalmente protege cinco policiais. Quando a coluna é maior, a tendência é alguém ficar fora da área de proteção. Sem saber a surpresa que nos esperava, adentramos por corredores escuros e com fumaça, originária do fogo das barricadas, propositalmente colocadas para obstruir a passagem da tropa.

De repente, os policiais da minha equipe começaram a cair. O escudeiro, primeiro homem, foi alvejado no escudo, outro no colete balístico. Novos disparos causaram uma fratura exposta na perna do sargento líder da célula tática, mais um projétil atingiu-me de raspão e feriu a mão do sargento que vinha logo atrás de mim, e o tenente, meu auxiliar, foi atingido na perna por um disparo que ricocheteou na parede.

O caos estava instalado, e minha equipe aguardava o meu comando para revidar a agressão. Mas acabei decepcionando a todos com a ordem de recuar para socorrer os feridos e reorganizar a ação. É claro que a ordem foi cumprida, porque um grupo especial se caracteriza por uma rigorosa disciplina tática cultuada e valorizada em todos os momentos. ▸

> “Por melhor que sejam o planejamento e o preparo de nossa estratégia, uma vez iniciada a negociação, fatos e informações novos podem surgir. Nessas circunstâncias podemos e devemos reavaliar a estratégia, mas não devemos simplesmente esquecê-la.” MB

Já fora da zona de risco, expliquei à equipe que o fato, a dura realidade, era que tínhamos falhado no planejamento. Subestimamos a possibilidade da existência de armas de fogo e isso abriu flanco para o segundo erro, que foi não usar um segundo escudo e dividir a equipe em duas frações. Reforcei ainda que sequer tínhamos alvo definido no fundo do corredor de onde haviam partido os tiros, pois a fumaça impedia nossa visão.

O disparo da arma de um homem de operações especiais tem que ter endereço certo, ou seja, alvo definido. Além disso, é muito comum em situações dessa natureza os rebelados se valerem de escudos humanos (um desafeto, um funcionário ou quem estiver a seu alcance), o que aumentava o risco para os reféns caso decidíssemos contra-atacar imediatamente.

Acalmados os ânimos, reorganizamo-nos, entramos novamente e, apenas com a forte presença da equipe, conseguimos gerar o efeito dissuasivo necessário, de modo a fazer com que eles se rendessem, liberassem os reféns e retornassem às suas celas sem nenhuma outra consequência mais grave.

Foi a maior demonstração de disciplina tática que experimentei, por parte de minha equipe, nos sete anos em que fiquei como comandante do GATE. É um exemplo que vale também para a vida corporativa.

> "Na realidade do mundo dos negócios as coisas tendem a ser mais flexíveis e igualmente complexas. Também é importante ter disciplina e objetividade, mas o número de opções pode ser bem maior. Novas informações podem implicar a *mudança do jogo* por completo, inclusive do objetivo. De repente, uma negociação difícil entre duas empresas, A e B, sobre quem vai ficar com o controle de uma terceira, transforma-se na negociação de uma fusão entre A e B." MB

7ª LIÇÃO
MANTENHA O CONTROLE

Conforme já foi dito, após uma agressão, a primeira vítima é sempre nossa capacidade de raciocínio. A agressão tem, inexoravelmente, o poder de atingir nosso emocional, e é preciso colocar um freio nisso, um desvio que obrigue a agressão a passar pelo córtex cerebral para receber a dose certa de racionalidade.

Diante de uma ameaça que coloca em risco nossa vida ou nossa integridade física, entra em ação algo que transcende o nosso controle, pois está ligado ao nosso código genético e que se traduz no instinto natural de autopreservação. Trata-se do instinto de sobrevivência, ligado à preservação da espécie, que, com uma força descomunal, nos impulsiona a duas únicas reações instintivas: fuga ou contra-ataque. ▸

> “Para homens e mulheres de negócios, o fator predominante é o autocontrole. Por isso organizar o local e manter o controle é fundamental.” MB

Nessas circunstâncias, não é só a parte neurológica que recebe estímulo, mas também a fisiológica. O sangue é direcionado para as extremidades, oxigenando mais os músculos a fim de propiciar a energia e a capacidade de reação necessárias para a execução das ações instintivas.

O instinto de sobrevivência possui um gatilho: o medo. O fato é que o medo é inerente à condição humana, pois está ligado diretamente ao nosso instinto de preservação. Posto isso, é possível afirmar que todas as pessoas têm medo. É o maior ou menor controle sobre como reagir ao medo que define se uma pessoa pode ser considerada corajosa ou medrosa.

Assim, ter medo de algo que nos ameace é perfeitamente natural, e aquele que, diante dessa ameaça, consegue manter o controle e a racionalidade tem a coragem a seu favor.

A coragem, portanto, é uma virtude. Mas o excesso dela se transforma em "não virtude": é temeridade.

Imagine-se o leitor como negociador, trabalhando em uma empresa de varejo. A meta é vender determinado produto por um preço entre R$ 100,00 e R$ 120,00. O primeiro valor, se alcançado, bate a meta estabelecida e garante o bônus no final do ano. Mas se o valor mais alto for atingido, haverá um bônus extra: uma viagem ao exterior com acompanhante e todas as despesas pagas pela empresa.

Ocorre que as condições de mercado estão um tanto instáveis, mas como o cliente é antigo e muito fiel, o negociador decide trabalhar com o valor de R$ 120,00 logo no início da negociação. O cliente está ciente da instabilidade do mercado e é sensível a ela. Por isso, sabe que seus concorrentes podem entrar na disputa com um valor mais próximo da meta inicial de R$ 100,00.

Em resumo, a estratégia é aproveitar um bom relacionamento já existente e sólido para alcançar algo que excede a meta-base. Mesmo levando em conta que o período é impróprio, porém, esse comportamento está mais próximo de uma atitude temerária do que ousada, muito menos corajosa. Talvez fosse o caso de, nas circunstâncias, ser mais conservador.

É no córtex cerebral, parte do cérebro responsável pela razão, que reside o autocontrole. Todo o conhecimento cognitivo é armazenado no córtex cerebral e, quanto mais a pessoa recebe informações e alimenta essa parte do cérebro com repertório variado de elementos cognitivos, mais esse estímulo externo do ambiente passa pelo córtex e recebe sua dose de racionalidade.

É por isso que um negociador deve possuir, além do perfil adequado, um conhecimento profundo das diversas técnicas, táticas, estratégias e informações sobre a área de conhecimento, de modo a constituir um verdadeiro arcabouço de informações que ficarão acumuladas e prontas para uso imediato, fazendo que, ao final, a reação seja compatível com os riscos da situação. ▸

"A negociação é o caminho mais econômico e prático para resolver conflitos, mas nem sempre as partes chegam a um acordo. Quando não conseguem um acordo, mas ninguém está disposto a abraçar a sua melhor alternativa (MASA), ainda resta tentar uma *negociação assistida* por um terceiro neutro, e essa seria a *mediação*. A alternativa de litígio é cara e leva anos para se resolver. A arbitragem é mais rápida (meses), mas igualmente cara. Por isso, o uso das cláusulas escalonadas (negociação, seguida de mediação, seguida de arbitragem ou litígio) está se tornando cada vez mais comum nos contratos hoje em dia, principalmente nos contratos internacionais." MB

É importante ressaltar que nem sempre nosso instinto de preservação, na sua forma mais pura, nos conduz a agir de modo adequado. Como exemplo, pode-se citar um motorista inexperiente, dirigindo um carro em uma região serrana onde, de um lado se tem a montanha e de outro, o precipício. O motorista se excede na velocidade e ao entrar em uma curva percebe o carro derrapando em direção ao precipício. Para evitar o precipício, e seguindo a lógica de seu instinto, gira o volante na direção oposta ao precipício. O resultado é um mergulho direto no vazio.

O motorista treinado, diante da mesma situação, faz um julgamento mais técnico, mais racional sobre a ameaça que tem pela frente. Ele consegue perceber que, se o carro está saindo da trajetória é porque a velocidade estava excessiva e o giro da roda não estava vencendo a força centrípeta. Daí se torna necessária uma primeira ação para diminuir muito sutilmente a velocidade e girar o volante na direção do precipício, exatamente aquilo que o instinto apela para não fazer. Ao agir assim, a roda, alinhada na trajetória correta, volta a girar, e ele deixa de ser passageiro da situação crítica para assumir o papel de protagonista da solução do problema.

Só alguém com treinamento e conhecimento consegue contrariar o próprio instinto quando isso se torna necessário para evitar um mal maior.

Certa feita, um profissional circense que trabalhava com adestramento de leões passou por apuro em um treino para o show, no qual precisava colocar a cabeça dentro da boca da fera.

Ocorre que, embora os animais sejam domesticados, alimentados e acostumados com os treinadores, vez ou outra o instinto selvagem predomina. Naquele dia, no momento em que o adestrador colocou a cabeça dentro da boca do leão, o animal cravou-lhes os dentes com violência no crânio e na região do pescoço.

Qualquer pessoa em uma situação semelhante instintivamente tentaria escapar, forçando a retirada da cabeça com a ajuda do peso do corpo. Mas o adestrador fez exatamente o contrário. Ao sentir o golpe, tratou de segurar a juba do leão com as duas mãos e forçou a própria cabeça mais para dentro da boca do animal. Essa atitude confundiu o instinto do leão, que reagiu abrindo a boca e soltando o homem.

Na natureza, quando o leão agarra a presa, normalmente o faz pela cabeça e, ato contínuo, tenta com um giro brusco quebrar-lhe o pescoço. No nosso exemplo, o adestrador sabia que se tentasse retirar a cabeça após a mordida, o leão reagiria por instintivo, fazendo bruscamente o movimento de torção lateral, que seria fatal. O homem agiu, portanto, contra seu próprio instinto e teve a vida salva.

Manter o controle é a resultante de um somatório de atributos já explorados neste livro. Essa atitude contém a força que caracteriza o sentimento de indignação; o compromisso inserido no significado da palavra missão para um operador de tropas especiais; o entendimento de que o conflito é mais comum do que a harmonia; a certeza de que nada se alcança sem um trabalho de equipe; a necessidade de ter a informação no sentido mais amplo que se possa conceber; a capacidade de saber se organizar para a ação; a paciência para praticar o ato de ouvir, a escuta ativa e a sabedoria para levar em consideração as verdades das outras pessoas. Tudo isso, sintetizado no córtex cerebral, vai constituir o diferencial que prioriza a racionalidade no confronto com o comportamento emocional.

“O GATE resolve conflitos envolvendo reféns. Não podemos chamar o GATE para resolver conflitos corporativos, apesar de que a ideia possa ter certo apelo para alguns CEO´s. Toda empresa tem conflitos, e de fato em algumas situações eles são absolutamente necessários para provocar mudanças importantes. Mas, quando mal-gerenciados, ou não gerenciados, os conflitos podem se tornar altamente custosos para a empresa e para as pessoas que nela trabalham. Por isso, recomendamos que toda organização tenha, como nas áreas de saúde e segurança, alguém especializado em gestão de conflitos.” MB

8ª LIÇÃO
RECONSIDERE QUANDO FOR NECESSÁRIO

Quando o assunto é negociação, é prudente esperar que o processo ocorra sob pressão e com antagonistas difíceis. É impossível imaginar, portanto, uma negociação isenta de riscos. Negociar é como caminhar em campo minado, e não se pode cometer o erro de pisar onde não se deve.

Nesse sentido, a analogia com o aforismo "navegar é preciso" cabe muito bem. Negociar também é preciso.

Preciso, porém, no sentido de exatidão, que significa entender a negociação como um desafio que exige conhecimento, técnica e habilidade. Preciso, no sentido de necessidade, pois na vida negociamos a todo momento: com nossos gestores, com nossos colaboradores, com nossos filhos e até conosco mesmo, quando temos que decidir fazer ou deixar de fazer alguma coisa.

Ocorre que essa alegoria diz respeito a apenas uma parte do problema, que podemos chamar de fatores controláveis: o somatório do perfil do negociador, de seu conhecimento e de sua capacidade de usar bem esses atributos a seu favor durante o processo.

Há, porém, fatores não controláveis pelo negociador, pelo simples fato de que estão sob domínio da outra parte, que vai procurar sempre ser o "sujeito da relação", ou seja, manter controle total da situação.

É nesse cenário que surgem as reações mais comuns em situações conflituosas: revidar, ceder e romper.

Ao revidar pode-se eventualmente ganhar a batalha, mas essa atitude não contribui para o estabelecimento de relações duradouras.

Ceder contribui para reforçar a empatia, mas pode ser prejudicial aos interesses de quem recua.

Romper proporciona alívio imediato, mas traz junto o não engajamento e, além de interromper a negociação, traz consigo um efeito colateral deletério em relação ao objetivo de criar relações duradouras. ▸

Por isso, é muito importante evitar a escalada irracional, o que só é possível quando conseguimos manter o controle sobre nosso egoísmo.

O erro é algo não desejável, mas está presente como ameaça permanente em um processo de negociação. Sendo assim, é importante reconsiderar quando isso se fizer necessário.

Reconsiderar nem sempre significa mudar de opinião. Pode significar apenas um recuo estratégico. Em outras palavras, "se meter o pé na lama, é melhor recuar do que insistir e afundar até o pescoço". Melhor, portanto, ganhar tempo, pedindo uma pausa ou explicações adicionais e evitando ao máximo a "síndrome do trem das onze", uma alegoria que enfatiza a importância de não ter pressa e saber tirar proveito do tempo. Nada de "se eu perder esse trem que sai agora às onze horas...".

O negociador que tem consolidada na mente a importância de reconsiderar quando necessário estará agindo como um esgrimista

"Revidar é algo que associamos a um negociador altamente assertivo e pouco cooperativo. O problema é quando ambos os lados têm esse perfil. Na batalha para ganhar do outro, as pessoas são capazes de deixar o ouro na mesa. Ceder é algo que se espera de um negociador muito cooperativo e pouco assertivo. É ótimo para manter o relacionamento, mas é ruim quando se tem de enfrentar alguém competitivo. Romper ou, partir para sua melhor alternativa, a MASA, pode ser pouco atraente. Existe então outra alternativa para resolver a questão: a mediação, na qual as partes voltam à negociação, assistidas por alguém neutro, capacitado no papel de mediador." MB que, atuando em uma faixa estreita e delimitada, sabe que existe o momento de avançar e o momento de recuar, porque se optar permanentemente por apenas uma das alternativas acabará se tornando previsível e será uma presa fácil para o adversário.

"A mensagem de Lucca ao executivo negociador é simples: antes de dizer não, pense mais uma vez. Se a proposta na mesa no final da negociação é realmente pior do que sua MASA, evidentemente você não deve concordar. Mas, pare e pense se o seu ego não está interferindo no fechamento. E se o objetivo da negociação é realmente importante para sua organização, considere propor uma mediação por alguém neutro e competente." MB

12 PINHEIROS-PRAIA GRANDE

Era um dia de verão, e um Sol muito quente castigava a cidade de São Paulo. O rádio da base GATE recebe o chamado de emergência acionando a equipe para deslocamento para uma ocorrência com refém, em andamento na Cadeia Pública de Pinheiros.

À época, o conhecido "Cadeião de Pinheiros" ainda não havia se transformado em um Centro de Detenção Provisória, mas operava como tal e, inicialmente, pensamos que se tratava de mais uma rebelião com reféns dentro de um presídio.

Durante o deslocamento apuramos, por meio da coleta de informações, que nada de errado estava acontecendo dentro do presídio, mas fora dele. E, antes de chegar, recebemos dos policiais da área informação via rádio de que se tratava de uma situação um tanto quanto incomum.

Dois funcionários, encarregados de conduzir dois presos para um depoimento em local fora do presídio, certamente por não terem observados as regras de segurança, haviam sido dominados e transformados em reféns pela dupla de detentos. A ideia dos criminosos era assumir o controle da viatura que os transportava e fugir. Mas por algum motivo isso não deu certo, e os criminosos acabaram se fechando com os dois reféns no compartimento de presos do furgão. E ali, empunhando armas brancas, passaram a ameaçar de morte os reféns. Tudo isso quase em frente às instalações da Cadeia Pública, criando uma confusão que parecia se tratar de uma rebelião dentro do presídio.

Ao chegar ao local, minha equipe e eu reforçamos as medidas iniciais de isolamento, contenção e organização do cenário de crise, de modo a criar um ambiente mais adequado ao desenvolvimento do processo de negociação já iniciado.

Em princípio, os criminosos se mantiveram irredutíveis na intenção de fugir, exigindo que o caminho ficasse livre para que pudessem assumir o controle do veículo e fugir.

Conforme já foi dito, em um processo de negociação é preciso distinguir desejo de necessidade. Nesse caso, a opção foi interromper o processo de negociação, por um tempo, a fim de reduzir esse nível de exigência, que, perceptivelmente, traduzia um desejo, e não uma necessidade dos criminosos. E, por definição, nesse tipo de negociação, desejos não devem ser atendidos, uma vez que isso geralmente não contribui para o estabelecimento de relações duradouras. E o estabelecimento de relações duradouras, como também já foi dito, é o que sempre se objetiva em um processo de negociação baseado em princípios.

Confinados dentro do compartimento de presos de uma viatura em um pátio externo sob sol escaldante, sem muita ventilação, o calor dentro da viatura era quase insuportável.

Nessas condições, o corpo tem de se resfriar com o suor abundante e, além de água, perdem-se outras substâncias que acabam por produzir desconforto e cansaço pelo grande consumo de energia. ▸

> “Estudos de especialistas em mediação de conflitos demonstram que o tempo e a fadiga são fatores que trabalham a favor da transformação da ***contestação*** em ***colaboração***. Neste caso, Lucca usa seu controle sobre o tempo para cansar os criminosos, na busca de uma solução aceitável a todos.” MB

Diante da agressividade dos criminosos e tentando equilibrar a relação entre as partes — o negociador e os criminosos —, tratamos de, sutilmente, tampar com papel e fita adesiva as poucas frestas de ventilação do compartimento de presos e prolongar os intervalos entre os contatos, tudo com o objetivo de arrefecer a agressividade dos criminosos, de modo a fazê-los sair da fase do “eu quero”, primeiro passo para compreender que sair vivo e preso seria um bom negócio.

A tática deu certo e, a pedido deles, um dos reféns foi trocado por uma garrafa de água. Agora restava apenas um refém.

A rodada seguinte de negociação trouxe algo novo. Um dos criminosos sugeriu que tudo aquilo poderia acabar se fosse possível uma transferência dele e de seu companheiro para um presídio da Praia Grande, litoral sul de São Paulo. Tentei explorar o motivo do pedido, e um deles me informou que a família de ambos era de lá, e por serem muito pobres, tinham muita dificuldade para subirem ao planalto para fazer as visitas.

No íntimo, a notícia me animou, mas mantive a serenidade e fiquei de levar a reivindicação ao gerente da crise, a mais alta autoridade presente no local.

Diferente da negociação corporativa, na qual muitas vezes o negociador tem uma alçada que estabelece o limite até onde pode chegar, na negociação policial o negociador não tem alçada alguma. É nulo o seu poder de decisão. Sua missão consiste em ser um intermediário entre aquilo que provém dos criminosos e o gerente da crise, para análise e deliberação. Isso é estratégico e adequado no ambiente das crises policiais.

O gerente da crise não se opôs à ideia, entretanto, não tinha competência para autorizar a transferência, o que acabou por exigir a participação de uma autoridade responsável pelo presídio. E assim foi feito.

Apresentada a hipótese de solução do problema ao responsável, obtivemos como resposta que tal pretensão era algo simples dentro do contexto prisional e, dessa forma, certifiquei-me se poderia seguir adiante, sinalizando aos criminosos a possibilidade do atendimento dessa pretensão, obtendo em troca a rendição, a liberação do último refém e o término da ocorrência policial. Obtive autorização para prosseguir.

Ao retomar a conversa, contei aos criminosos apenas parte do que havia sido deliberado. Informei que a pretensão estava sendo analisada, insisti na contrapartida que eles haviam anunciado para garantir que não se tratava de uma manobra protelatória e, durante a conversa, tive elementos de convicção de que falavam sério sobre a proposta.

Assim, apliquei a técnica de negociação de sempre buscar a satisfação pessoal da outra parte, cuidando para que nada pareça fácil demais. Procurei, portanto, deixar claro que o pedido deles envolvia uma série de entraves burocráticos, inclusive autorização judicial do magistrado com jurisdição sobre a área.

A satisfação pessoal da outra parte é algo que se deve perseguir ao máximo em um processo de negociação. Abro espaço para uma digressão que ilustra bem essa questão.

Há algum tempo, um empresário brasileiro decidiu por à venda sua empresa e, após contratar uma consultoria para avaliação, foi estipulado o valor adequado e vantajoso.

O empresário resolveu também contratar um advogado especialista nesse tipo de tratativa para auxiliá-lo nessa tarefa. O advogado, após aceitar a empreitada, estabeleceu uma única exigência para atuar como representante do empresário: "Quando estivermos em uma mesa de negociação, com um eventual cliente, eu conduzo a conversa e você apenas ouve. Se você aceitar esses termos, serei seu parceiro nessa empreitada". O empresário aceitou. ▸

> "Novamente, trata-se do princípio de apenas um negociador. Somente uma pessoa deve fazer propostas. Caso contrário, não existe controle do processo. E preferivelmente essa pessoa não deve ser a mesma que tomará a decisão final. Numa equipe alinhada, outras pessoas presentes podem servir de observadores e até fazer perguntas, mas nunca propostas." MB

Algum tempo depois, uma empresa japonesa se mostrou interessada em adquirir a empresa. Os japoneses são conhecidos, no mercado, por duas características comuns em sua forma de agir no âmbito empresarial. A primeira delas é a virtude de sempre procurar aprimorar seus produtos e serviços dentro de um conceito conhecido como melhoria permanente. O segundo aspecto é, para alguns, uma não virtude. Eles costumam demorar muito para decidir, o que implica muitas reuniões preparatórias antes da tomada de decisão, o que pode acabar tornando muito demorada a concretização do negócio.

Foi exatamente isso que aconteceu com várias rodadas preparatórias de negociação, até o dia em que ficou acertada uma reunião onde haveria finalmente a exposição da oferta para a aquisição da empresa brasileira.

O advogado, minutos antes da reunião, fez questão de lembrar seu cliente sobre a exigência estabelecida em suas tratativas iniciais e reiterou que era fundamental que aquilo fosse observado.

Como de costume, as conversas iniciais orbitaram assuntos laterais e amenidades até que foram convergindo para a pauta principal: o valor da oferta para a aquisição da empresa. A ansiedade estava no ar, mas para o empresário brasileiro era ainda maior, e isso foi mantido até que um dos japoneses assumiu a palavra e anunciou a cifra que estavam dispostos a pagar. O empresário estava decidido a se desfazer da empresa e ficaria tremendamente feliz se o negócio fosse fechado por algo próximo do valor estabelecido pela consultoria. Na visão dele, seria um ótimo negócio.

Mas quando finalmente o valor da oferta foi anunciado, algo insólito aconteceu.

Quando o vendedor começava a demonstrar-se muito satisfeito, pois o valor proposto era maior do que o esperado, o advogado, surpreendentemente, levantou-se levando consigo o atônito empresário e, antes de deixar a sala, disse aos japoneses que a oferta era uma afronta e por isso precisava conversar a sós com seu cliente.

Dirigiram-se ambos a uma sala reservada e, antes que o empresário falasse qualquer coisa, o advogado garantiu que sabia o que estava fazendo e que era para ele ter calma. O empresário, indignado, rebateu dizendo que o negócio naquelas condições seria excelente, pois o valor oferecido atendia sua expectativa e, além daquele grupo, ninguém havia se interessado. Mesmo assim o advogado manteve a posição e explicou que sua atitude fazia parte de um plano.

A negociação foi retomada e, para encurtar a história, os japoneses fizeram nova oferta, que além de maior em termos de valor, incluía outras vantagens financeiras.

O negócio foi fechado.

Mais tarde, o advogado explicou ao empresário que se tivesse aceitado de pronto a primeira oferta, o negócio poderia ter dado certo, mas ambas as partes sairiam com o sentimento, não de que poderiam ter feito melhor, mas de terem feito um mau negócio: os japoneses concluindo que pagaram caro, e o brasileiro desconfiando que poderia ter esperado e vendido por um preço melhor.

Esse exemplo tem a ver com o necessário cuidado de, numa negociação, levar em conta o poder que a satisfação pessoal exerce sobre os seres humanos. Dá razão, ao mesmo tempo, ao aforismo: "Ao que vem muito fácil não se dá muito valor".

Voltando à ocorrência no Cadeião de Pinheiros, após valorizar a pretensão dos criminosos e com isso ativar a satisfação pessoal no ponto futuro, consegui, ao final, que liberassem os reféns e se entregassem.

Mas, quando íamos conduzir os dois presos ao veículo que deveria levá-los, escoltados, conforme prometido, até a cadeia da Praia Grande, nova surpresa: fomos informados de que, por ordem do responsável pelo presídio, os dois deveriam ser reconduzidos às mesmas celas da qual haviam tentado fugir.

Indignado, fui atrás do autor da contraordem para questionar o não cumprimento do que havíamos combinado. Afinal, por conta própria ele havia decidido simplesmente dar o dito por não dito. E nem se preocupou em me dar uma explicação plausível: "Capitão, isso é preciosismo de sua parte".

Como não havia tempo para dar lição de ética, limitei-me a dizer que não se tratava de "preciosismo", mas de honrar a palavra dada. Assumi a custódia dos dois detentos e ordenei que fossem levados para o presídio da Praia Grande, conforme havia sido prometido. ▾

"O negociador que não tem credibilidade — seja do GATE, seja de uma multinacional — não tem efetividade. Credibilidade leva um bom tempo para ser conquistada, mas pode ser liquidada rapidamente. Por isso, recomendamos ao negociador profissional deixar o blefe para a mesa de poker." MB

9ª LIÇÃO
CUMPRA O QUE FOI COMBINADO

Todo processo de negociação — é uma obviedade que nunca é demais repetir — tem o propósito de alcançar um bom acordo entre as partes envolvidas.

Não se trata, na verdade, apenas de chegar a um acordo, mas a um bom acordo. Esse entendimento não deve provocar apenas uma percepção momentânea de que foi feita a coisa certa. É preciso que essa percepção perdure, consolidando a convicção de que aquela negociação estabeleceu uma relação satisfatória e até mesmo paradigmática.

> "Convém ao negociador, desde o inicio, confirmar o grau de autoridade, o *empowerment* do outro lado da mesa. Podemos prosseguir mesmo que não tenhamos a palavra final, mas precisamos saber o risco de estarmos perdendo tempo." MB

Para tanto, deve-se sempre, rigorosamente, cumprir o que foi combinado. É um mandamento obrigatório em um processo de negociação.

O exercício da função de negociador está muito ligado à boa reputação, algo difícil de construir, mas fácil de perder. Tem de haver coerência entre a forma de agir durante o processo de negociação e a concretização do resultado, que se consuma com o cumprimento do acordo estabelecido. Os efeitos dessa coerência não são percebidos apenas no processo de negociação desenvolvido; ele gera consequências, oferece um importante feedback para processos de negociação que ocorrerão no futuro. Em outras palavras, vai-se criando, com a repetição de comportamentos coerentes, lastreados em princípios, uma aura de confiabilidade fundamental para consolidar o prestígio do negociador e, transcendendo a pessoa física, fortalecer a imagem da corporação que ele personifica. É certamente uma conquista de valor inestimável.

> “Para um executivo, a habilidade de cumprir o que foi combinado começa muito antes de sentar-se à mesa de negociações. Depende, em primeiro lugar, de ter informações atualizadas sobre todos os aspectos do que se está negociando: informações de estoque, controle de qualidade, situação financeira e exigências legais. E, se houver alguém com poder de veto sobre a possível solução, interno ou externo à empresa, coloque-o dentro do círculo de planejamento de negociação desde o inicio. Como o presidente Truman dos EUA disse uma vez: ‘Não espere que eu esteja a bordo do seu avião ao chegarmos ao destino se eu não embarquei juntot’.” MB

13 "O GATE É FIRMEZA" — A PALAVRA NÃO FAZ CURVA

Em 2005, depois de quase sete anos de trabalho à frente do Grupo, ao me deslocar com minha equipe para atender a mais uma ocorrência com refém, um filme passava pela minha cabeça. Enquanto tomava algumas providências preliminares para organizar aquela operação, fui lembrando de todo o aprendizado extraído das operações que até então havia comandado, dos erros a serem evitados, das precauções a serem adotadas e tantas outras coisas que a experiência prática tinha me proporcionado ao longo dos anos.

Chegamos ao local, seguimos os protocolos estabelecidos e consolidados e, na sequência, fomos nos inteirar sobre como tudo tinha acontecido para, em seguida, emprestarmos nosso apoio aos policiais da área, que haviam chegado primeiro.

Criminosos fortemente armados haviam praticado um roubo e fugido, mas a polícia fora avisada e saíra no encalço deles, numa operação denominada acompanhamento e cerco. A estratégia da polícia foi bem-sucedida no que diz respeito à localização dos criminosos, que localizados e na iminência do enfrentamento, resolveram desistir da fuga e resistir à perseguição policial, fazendo uma família inteira como refém.

O GATE, como tropa especializada no gerenciamento de crises com reféns, tem a preocupação permanente de conquistar a simpatia dos policiais de área. Eles costumam ter a humildade de reconhecer que muitas vezes lhes falta um conhecimento mais profundo da doutrina sobre as operações de resgate de reféns, bem como não dispõem de alguns equipamentos específicos, disponíveis apenas para grupos especializados. Por essa razão sempre nos consideramos honrados pela confiança que os policiais de área demonstram ao nos acionar nas situações de crise.

Mais do que isso, sempre tivemos consciência de que devemos respeitar ao máximo esses policiais e agir com muita cautela para não ferir suscetibilidades, sobretudo aquelas inerentes à vaidade humana. Assim, sempre que possível, procuramos respeitar a prioridade do interventor que antes de nós estabeleceu contato com os criminosos e, muitas vezes, apenas damos algumas dicas, procurando orientá-lo sobre como proceder na negociação. Essa fórmula tem sido usada com sucesso até hoje, na maioria das vezes. Mas naquele dia até isso ia ser diferente.

Ocorre que o primeiro interventor encarregado da negociação não possuía conhecimento nem perfil para atuar como negociador. Tentamos de tudo: conversando com ele, colocando um ponto eletrônico em seu ouvido para receber nossas instruções, dicas e sugestões. Mas devido à falta de experiência e ao completo desconhecimento das técnicas de negociação, ele não conseguia colocar nossas recomendações em prática, e todo esse apoio se revelava inútil.

Na época eu já não atuava mais como negociador, até porque, pensando no futuro, preparava jovens tenentes para assumir essa responsabilidade.

Diante do impasse a que aquela ocorrência havia chegado, não restou alternativa que não a de providenciar a substituição do primeiro interventor por um negociador do GATE. Trata-se de um momento delicado, não só por quer é preciso explicar a situação com jeito ao policial que se esforça, mas não evolui no encaminhamento do acordo, como também porque é necessário inaugurar uma nova fase na relação com a outra parte.

Para minimizar a possibilidade de uma reação muito negativa por parte do criminoso, costumamos contrabalancear o risco, "massageando seu ego". A estratégia consiste em fazer o primeiro interventor informar aos criminosos que uma alta autoridade do Governo do Estado tivera conhecimento do fato em andamento e, a fim de garantir que tudo ocorresse na mais perfeita ordem, determinara o envio de especialistas para o local.

Tudo devidamente planejado, organizado e ensaiado com o primeiro interventor, lá foi ele para cumprir a nova missão. Chamou o criminoso que estava no controle da negociação e, obtendo sua atenção, fez o seu discurso.

Ao ser informado de que o pessoal do GATE já estava no local, o criminoso respondeu: "O pessoal do GATE está aí... Então manda subir. O pessoal é firmeza, e a palavra não faz curva".

Para mim, ouvir aquilo foi um "tranco". Fui tomado por forte emoção, uma mescla de alegria e entusiasmo difícil de descrever. Imediatamente orientei o primeiro interventor a fazer o chamado "reforço positivo", que nada mais é do que enaltecer o comportamento positivo da outra parte, ampliando a expectativa de criar uma reciprocidade que favoreça alcançar o objetivo pretendido.

Essa técnica é baseada em um estudo psicológico denominado Efeito Pigmaleão. Trata-se de uma analogia com o mito grego de um escultor que se apaixonou por sua própria obra, uma estátua de mulher. A obra ficou tão perfeita que a deusa Vênus decidiu premiar o artista dando vida à estátua.

George Bernard Shaw, famoso escritor irlandês, publicou em 1912 a obra *Pygmallion*, que em 1964 inspirou o filme *My fair lady*, no qual um professor vive o Efeito Pigmaleão ao transformar uma jovem de periferia em uma donzela instruída e sofisticada... E se apaixonar por ela.

Em síntese, o Efeito Pigmaleão está alinhado com a já mencionada importância de um negociador entender o conflito como algo natural entre as pessoas e, agindo assim, não se alterar diante de eventuais agressões. Para os psicólogos, se é criada uma expectativa positiva em relação à outra parte, a tendência é que a atitude colaborativa dela acabe sendo estimulada.

Feito o elogio e, aproveitando a calma presente, pedi ao primeiro interventor algo fora do protocolo. Precisava saber o motivo pelo qual o criminoso tinha demonstrado aquele conforto com a presença do GATE. Afinal, aquilo representou algo totalmente diferente da experiência que eu tivera sete anos antes.

O primeiro interventor, logo após o elogio, perguntou então ao criminoso se ele conhecia o GATE e ele respondeu: "Conheço sim... Outro dia um parceiro meu teve uma situação parecida, e o pessoal do GATE foi lá, e o que foi combinado foi cumprido. A palavra não fez curva".

Diante dessa manifestação positiva ficou muito mais fácil o trabalho do negociador, que se restringiu a determinar os termos do protocolo de rendição: primeiro, a liberação dos reféns; em seguida, colocar as armas no chão do jeito em que se encontram, para evitar qualquer acidente ou incidente, e então sair do local, um a um, com as mãos visíveis. Assim foi feito, tudo com muita tranquilidade e uma perceptível sensação de confiança que os criminosos demonstraram com a presença e a credibilidade do GATE.

10ª LIÇÃO

CREDIBILIDADE É A MELHOR ARMA EM UMA NEGOCIAÇÃO

Esse último exemplo, do mesmo modo que todo o aprendizado compartilhado neste livro, ajuda a mostrar a importância da credibilidade como um patrimônio que se conquista por meio de uma sucessão de comportamentos coerentes e baseados em sólidos princípios.

Foram sete anos de trabalho. Meu sonho, compartilhado com minha equipe, de "trabalhar forte até o dia em que, voluntariamente, o bandido chamasse o GATE" não se concretizou, mas chegamos muito perto.

"Combati o bom combate, acabei a carreira, guardei a fé".

2 Timóteo 4:7

"Na ultima lição do livro, voltamos ao primeiro princípio. Seja a negociação para a libertação de reféns ou para confirmar as condições de uma *joint venture*, a credibilidade é a alma do negócio. Leva tempo para ser conquistada e pode ser destruída por um simples ato ou palavra não pensada. O fato é que Lucca conseguiu recriar a imagem do GATE a favor de uma melhor solução para ambos os lados em vez da ameaça que o nome da organização simbolizava. Essa foi a grande obra dele. Para os empresários, perguntamos: qual é a imagem da sua empresa? Facilita ou dificulta chegar a bons acordos?

A negociação de conflitos é uma arte que se tornou uma ciência. Algumas pessoas desenvolvem essa tarefa com mais naturalidade que outras, mas com estudo todos podem melhorar o desempenho. Conflitos mal-gerenciados são responsáveis por grandes prejuízos para empresas e para as pessoas que nelas trabalham. Por isso, recomendamos que as empresas preparem seu pessoal para negociar e mediar conflitos e deleguem a um executivo bem-preparado a responsabilidade pela resolução alternativa de disputas, a chamada RAD. Dá lucro." MB

SOBRE MARC BURBRIDGE

É consultor para negociações estratégicas de novos negócios e M&A, mediador empresarial e professor de Negociação, Mediação e Gestão de Conflitos na Fundação Getúlio Vargas. Possui mais de 20 anos de experiência como executivo em empresas nacionais e internacionais que atuam nos cinco continentes. É formado em Relações Internacionais pela School of International Service, da American University (EUA), com Mestrado em Economia e estudos de especialização em Negociação na Universidade de Harvard (EUA). É presidente do Instituto Projeto Resolução Alternativa de Disputas e membro do Conselho do Centro de Mediação e Arbitragem da Câmara de Comércio Brasil-Canadá. É coautor dos livros *Gestão de Negociação*, 2ª edição (2007), *Gestão de Conflitos- Desafio do mundo corporativo* (2012) e *Compras Estratégicas* (2014), todos publicados pela editora Saraiva.

REFERÊNCIAS BIBLIOGRÁFICAS

CIALDINI, Robert. *O poder da persuasão. Apontamentos do Fórum HSM de Negociação 2013.*

INY, Alan. *Pensando em novas caixas. Apontamentos do Fórum HSM de Inovação e Competitividade 2013.*

DESCARTES, René. *O Discurso do Método.* Coleção Os Pensadores. Trad. Henrico Corvisieri. São Paulo: Nova Cultural, 1999. p. 35-68.

LUCCA, Diógenes Viegas Dalle. *Gerenciamento de Crises em Ocorrência com Reféns Localizados.* Dissertação de Pós-graduação. USP/ADESG, 2002.

_____. *Alternativas Táticas na Resolução de Ocorrências com Reféns Localizados.* Dissertação de Mestrado. Centro de Aperfeiçoamento e Estudos Superiores, 2002.

TZU, Sun. *A Arte da Guerra.* 9. ed. Trad. José Sanz. Rio de Janeiro: Record, 1990.

URY, William; FISHER, Roger; PATTON, Bruce. *Como Chegar ao Sim – A Negociação de Acordos Sem Concessões.* 3 ed. São Paulo: Solomon, 2014.

Conheça também outros títulos

Sustentabilidade da liderança

David Ulrich e Norm Smallwood

Faça seus esforços de liderança valerem a pena!
Todos os dias, milhares de pessoas empenham grande esforço e dinheiro em técnicas para se tornar líderes mais eficazes, por meio de seminários, treinamento pessoal, planos de desenvolvimento etc. No entanto, nem todas terminam o que começam, e muitas voltam aos hábitos menos produtivos. Nesta obra, David Ulrich e Norm Smallwood apresentam sofisticadas e comprovadas ferramentas de sustentabilidade da liderança que podem ser colocadas em prática imediatamente. O livro o ajudará a transformar boas intenções em ações efetivas e o ensinará a dominar sete disciplinas: simplicidade, tempo, responsabilidade, recursos, monitoramento, melhoramento e emoção.
Faça a viagem para a liderança sustentável e torne-se um grande líder.

Crescimento lucrativo

de Ram Charan

Um guia para resolver a questão mais atual do mundo dos negócios: como ter crescimento lucrativo orgânico, diferenciado e sustentável.
Para muitos, crescimento tem a ver com uma inovação incrível ou um produto que vai revolucionar o mercado. Apesar de atraentes e lucrativas, grandes ideias não acontecem todos os dias e frequentemente aparecem em ciclos.
Ram Charan defende que o conjunto de ações que garantem pequenas conquistas diárias e adaptações às mudanças no mercado constrói a base para o crescimento representativo. Assim, o impacto das mudanças incrementais é enorme.
Longe de ser um exercício teórico, este livro inovador traz, ainda, a ideia de que todos devem estar envolvidos na agenda de crescimento da empresa.

Jogar para vencer

de A.G. Lafley e Roger L. Martin

Você está só jogando ou está jogando para vencer?
A.G. Lafley e Roger L. Martin vão ao cerne da estratégia, explicando para que serve, como pensar nela, por que é necessária e como implementá-la. E usam uma das mais bem-sucedidas reviravoltas corporativas, vivenciada na Procter & Gamble, para provar seu ponto de vista.
O resultado é um manual para vencer. Os autores criaram um conjunto de cinco escolhas estratégicas que, quando abordadas de maneira integrada, vão colocá-lo à frente de seus concorrentes. São elas: Qual é nossa ambição vencedora? Onde vamos jogar? Como vamos vencer? Quais competências devemos ter? Quais sistemas de gestão são necessários?
Como a P&G venceu ao aplicar esse método a marcas icônicas ilustram como uma abordagem estratégica faz a diferença entre agir e realmente vencer.

Empresas feitas para vencer

de Jim Collins

Considerado, pela *Time Magazine*, um dos livros de negócios mais importantes de todos os tempos, esta obra seminal de Jim Collins responde a seguinte pergunta: como empresas boas, medianas e até ruins podem atingir uma qualidade duradoura?
Empresas feitas para vencer mostra como as grandes empresas triunfam no decorrer do tempo e como o desempenho sustentável a longo prazo pode ser inserido no DNA de uma organização desde sua concepção.
Collins apresenta exemplos que desafiam a lógica e transformam a mediocridade em superioridade duradoura. O autor apresenta também quais são as características universais que levam uma empresa a se tornar excelente e outras, não. Os resultados do estudo irão surpreender muitos leitores e lançar novas abordagens sobre quase todas as áreas da gestão.

O Futuro

de Al Gore

Al Gore, ex-vice-presidente dos Estados Unidos, nos apresenta mais uma "verdade inconveniente".
Mantendo a mesma paixão com que abordou o desafio das mudanças climáticas, e amparado em décadas de experiência à frente das políticas globais, o autor analisa o horizonte nublado de nosso planeta e, apresentando uma avaliação sóbria e fundamentada.
Desde o início de sua vida pública, Al Gore tem alertado para os perigos e as promessas das verdades emergentes, por mais "inconvenientes" que sejam esses avisos. Ao mesmo tempo envolvente e visionário, *O Futuro* oferece um mapa do mundo que parece se aproximar, elaborado por um homem que vem se destacando por pensar à frente – e que já comprovou estar certo.

Confiança Criativa

de David Kelley e Tom Kelley

A inovação e a criatividade são reconhecidas como os principais elementos por trás do sucesso nos negócios e, atualmente, são tidas como características fundamentais em líderes. Neste livro, os autores nos mostram que a criatividade é uma abordagem proativa na busca por soluções. Nem todos somos artistas, mas podemos ser advogados, médicos, gerentes ou vendedores mais criativos. Inspirados em casos da IDEO e da d.school em Stanford, os irmãos Kelley revelam estratégias específicas para libertar a inventividade de cada um, pois, segundo eles, a criatividade e a capacidade de inovação são como os músculos: quanto mais você usa, mais fortes ficam.
Confiança criativa nos dá a coragem de fazer a diferença e nos inspira a combinar ideias arrojadas com ações efetivas, que contribuem tanto para a empresa e a carreira quanto para a vida.

hsm collection - Vendas

de Tom Bird e Jeremy Cassel

O best-seller de vendas do Reino Unido.
Tanto faz se você é novo no ramo ou se está prestes a subir o próximo degrau: o livro *Vendas* lhe mostrará como melhorar o desempenho de forma imediata e obter resultados excepcionais.
Além de ter acesso às habilidades-chave necessárias a uma boa negociação, você aprenderá sobre desafios tão diversos quanto a linguagem corporal correta, a realização de reuniões eficazes e o engajamento de times remotos de vendas.
Mais do que isso, você saberá como aproveitar sua personalidade para aperfeiçoar técnicas e entender melhor as necessidades do cliente. Você estará sempre um passo à frente do mercado.

hsm collection – Estratégia

de Max Mckeown

Usando a ciência da estratégia, o livro *Estratégia - do planejamento à execução* vai ajudá-lo a enfrentar os importantes desafios tanto no desenvolvimento das estratégias quanto na dificuldade de colocá-las em ação.
Com o objetivo de mostrar estratégias poderosas para obter sucesso em um mundo competitivo, o livro responde às seguintes perguntas:

- O que sabemos sobre estratégia?
- O que a estratégia pode fazer por você?
- Como usar ferramentas de estratégia de maneira eficiente?
- Como mobilizar pessoas com estratégia?
- Como evitar armadilhas, problemas e fracassos?

hsm collection – Estratégia

de Richard Hall

No mundo corporativo, comunicar ideias e dados tornou-se rotina, e saber fazer apresentações com competência, seja para sua equipe, seja para uma grande plateia, pode transformar sua carreira.
Esta obra analisa os aspectos necessários para uma excelente apresentação, abordando, entre outros temas: os meios de comunicação; como entender sua plateia; como o autoconhecimento permite melhorar seu desempenho; ferramentas; como as tecnologias e as técnicas impactam as apresentações; como aplicar suas habilidades a todos os tipos de reuniões.
Repleto de histórias, roteiros e dicas, o livro vai ajudá-lo a tornar memorável uma exposição comum.